HERITAGE IN FOCUS

A collaboration between
World Monuments Fund & Magnum Foundation

HERITAGE IN FOCUS

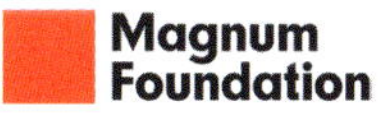

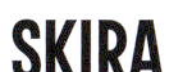

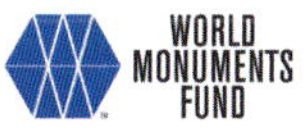

Heritage in Focus has been made possible, in part, by support from Nora McNeely Hurley and Manitou Fund, Donna Perret Rosen, Lorna B. Goodman, The Donald A. Pels Charitable Trust, and Monika McLennan.

« Heritage in Focus » est rendu possible, entre autres, grâce au soutien de Nora McNeely Hurley et Manitou Fund, Donna Perret Rosen, Lorna B. Goodman, The Donald A. Pels Charitable Trust, et Monika McLennan.

TABLE OF CONTENTS
Sommaire

PICTURING THE MUSEUM WITHOUT WALLS

The world is a museum without walls. Let's protect our shared heritage and tell the story of the essential connection between people and places.

Heritage around the world tells the story of what it means to be human and live on this planet. The relationship between people and the places that are meaningful to them is a deep and complex one. Just as we build awe-inspiring monuments and rich cultural landscapes, they in turn help shape who we are. These historic sites teach us about and anchor us in our sense of identity and history. They provide economic opportunities for those who live nearby. And they inspire a sense of respect and admiration for cultures both near and far.

The ambitious goal of our unique partnership with Magnum Foundation was to find creative ways to capture this essential relationship between communities and their heritage. Photography, with its power of immediacy, is an especially effective medium for advocacy and empathetic connection. And just as the sites where we work testify to the boundlessness of human inventiveness, we wanted to give a group of emerging local photographers the opportunity to find their own artistic inspiration at these remarkable historic places.

Over the course of a year, the recipients of the Heritage in Focus fellowship immersed themselves in exploring the sites on the 2022 World Monuments Watch and the communities who care for them. Their photographs serve as a testament to the powerful bond between people and places. Whether in portraits of Indigenous elders converting a site of trauma into a healing center (Kinchela Boys Home, Australia), solarigraphs of an Andean town reviving ancient infrastructure to fight climate change (Yanacancha-Huaquis, Peru), or intimate snapshots of a storied Chinese enclave threatened by developer encroachment (Tiretta Bazaar, India), the collection conveys both the diversity of cultural heritage and the scope of the problems that threaten it. The photos capture the nuances and subtleties specific to each place even as they tell a larger story about urgent environmental and social challenges.

PHOTOGRAPHIER
LE MUSÉE
À CIEL OUVERT

Le monde est un musée à ciel ouvert. À nous de protéger notre patrimoine commun et d'illustrer le lien fondamental qui unit les hommes aux lieux qu'ils ont créés.

Autour du monde, les lieux patrimoniaux disent l'histoire de l'humanité et de sa vie sur cette planète. Les hommes entretiennent une relation complexe et profonde avec les monuments et les paysages culturels qu'ils créent et qui les façonnent en retour. Les sites historiques nous ancrent dans notre humanité et dans notre histoire. Ils deviennent parfois source de richesses économiques pour ceux qui vivent à proximité. Ils inspirent respect et admiration pour la diversité des cultures, qu'elles soient proches ou lointaines.

Notre partenariat avec la Fondation Magnum est né de la volonté de saisir cette relation essentielle et particulière entre les communautés locales et leur patrimoine. La photographie, par sa capacité à saisir l'immédiat, est un médium particulièrement adapté pour saisir ce lien subtil. De même que les lieux où nous travaillons reflètent l'infinie diversité de la créativité humaine, nous avons voulu laisser libre cours à l'inspiration artistique de photographes émergents lors de leur immersion sur ces sites, parfois reculés, et de leurs échanges avec ceux qui en sont les gardiens.

Chacun des onze photographes lauréats du programme « Heritage in Focus » a travaillé au cours de l'année dernière sur l'un des sites de la World Monuments Watch 2022. Leur travail rend hommage aux liens étroits qui unissent les lieux et les personnes. Qu'il s'agisse de portraits d'aînés aborigènes à l'œuvre pour transformer le lieu même de leur traumatisme en espace de guérison (foyer pour garçons de Kinchela, en Australie) ; de solarigraphies de communautés des Andes péruviennes, qui réhabilitent des systèmes de barrages hydrauliques ancestraux pour lutter contre les effets du changement climatique (le paysage culturel de Yanacancha-Huaquis, au Pérou) ; ou de clichés d'une enclave chinoise à Calcutta menacée par l'ambition de promoteurs immobiliers (Tiretta Bazaar, en Inde), ces séries photographiques reflètent à la fois la diversité de ce que l'on définit comme patrimoine culturel, et l'ampleur des menaces qui pèsent sur lui. Ce travail révèle les nuances et les subtilités propres à chacun des sites, qui sont autant de formes locales de défis environnementaux et sociaux plus larges.

I am grateful to Nora McNeely Hurley and Manitou Fund, Donna Perret Rosen, Lorna B. Goodman, The Donald A. Pels Charitable Trust, and Monika McLennan for having made this project possible thanks to their moral and financial support.

World Monuments Fund (WMF) works with communities around the globe to safeguard their cultural legacy, our common heritage. Like these stories, WMF strives to be simultaneously global and local—leveraging international expertise to respond to conservation needs on the ground. And we strive to highlight regional issues on the world stage, connecting individual problems to broader transnational trends.

It is our privilege to partner with Magnum Foundation to tell the stories of the 2022 World Monuments Watch in such a rich and imaginative way. If you think of the planet's infinite heritage as a museum without walls, then the task of stewarding and curating its collection is one that we share with all of our fellow humans. Now, the images produced by these talented photographers allow us to glimpse parts of this museum's collection like never before.

BÉNÉDICTE DE MONTLAUR
President and CEO, World Monuments Fund

Je suis reconnaissante à Nora McNeely Hurley et au Manitou Fund, à Donna Perret Rosen, Lorna B. Goodman, The Donald A. Pels Charitable Trust et Monika McLennan d'avoir rendu ce projet possible grâce à leur soutien moral et financier.

Le World Monuments Fund (WMF) travaille avec des partenaires à travers le monde pour préserver leur héritage culturel, notre patrimoine commun. À l'image de ces projets photographiques, le travail du World Monuments Fund s'efforce d'être à la fois global et local, mobilisant une expertise internationale pour répondre aux besoins spécifiques de conservation sur le terrain. Nous mettons en lumière des problématiques locales sur la scène internationale, et faisons le lien entre préoccupations individuelles et évolutions transnationales.

Nous sommes heureux d'avoir pu nous associer à la Fondation Magnum pour ce projet créatif dans le cadre de la Watch 2022. Nous sommes tous les gardiens et les conservateurs du patrimoine culturel infini de la planète, que l'on pourrait qualifier de plus grand musée du Monde, un musée sans murs ni galeries, un musée dont nous partageons la collection avec l'ensemble de nos semblables. Le travail de ces photographes donne à voir quelques fragments uniques de la collection de ce musée planétaire.

BÉNÉDICTE DE MONTLAUR
Présidente et CEO, World Monuments Fund

HISTORY THROUGH A DIFFERENT LENS

Understanding the Resonance of Memory

Since 2007, Magnum Foundation has been mentoring and supporting a growing network of creative and socially engaged documentary photographers around the world. Recently, a focus of our work has been supporting photographers who are investigating and reframing histories through a different lens. Through grants, fellowships, and workshops, our Counter Histories program, generously supported by the Henry Luce Foundation, experiments with how photography can elevate these stories and bring them into dialogue with new audiences. When WMF approached us about a partnership, the idea of engaging with monuments and the stories they hold aligned with our ongoing interest in this area, and we were drawn to the idea of connecting photographers with cultural heritage sites and their caretakers. Leveraging Magnum Foundation's global network of photographers, these stories highlight the significance of the sites within their communities.

The monuments that WMF identifies through the Watch aren't simply buildings. They are highly specific, irreplaceable sites that hold shared histories and facilitate interactions between people within the culture. It's because of this crucially interconnected relationship between people and place that engaging local photographers was critical to our work together. Unlike a photographer who is coming in to document from the outside and may only have a matter of weeks or even days to cover the story, a local photographer has the opportunity to let a story evolve over time. As relationships develop and deepen, so does the story.

Alongside insider perspectives from WMF's local site partners, the photographers benefited from ongoing creative feedback from the Magnum Foundation team and mentorship from experienced photographers Jonas Bendiksen, Cristina de Middel, Thomas Dworzak, and Yael Martínez. By allowing time and investing in the creative process rather than commissioning the typical architectural photos, the work opens up the possibility of understanding a broader and more integrated story about the meaning of these sites as repositories of culture and memory. This combination of specificity, access, trust, and support for experimentation produced some extraordinary results:

Eric Gyamfi documented the Asante Shrines in Kumasi, Ghana, by focusing his lens on their caretakers. Amid diminishing local interest in preservation, he elevates their role and the enduring value of the places they care for. Through this approach, portraits of the caretakers become a portal to the story of the shrines—and the ongoing meaning they hold.

POSER UN NOUVEAU REGARD SUR LE PASSÉ

Comprendre la résonance des mémoires

Depuis 2007, la Fondation Magnum accompagne et soutient un réseau croissant de photographes documentaires innovants et engagés, installés dans le monde entier. Nous avons récemment décidé de soutenir en particulier des photographes qui explorent et revisitent le passé sous un nouveau jour. Notre programme, « Counter Histories », fondé sur des financements, des bourses et des ateliers, et généreusement soutenu par la Henry Luce Foundation, expérimente la manière dont la photographie peut mettre en valeur ces récits et les faire dialoguer avec de nouveaux publics. Lorsque le WMF nous a proposé un partenariat, l'idée de travailler sur les monuments et les récits qu'ils renferment correspondait à notre propre intérêt pour ce domaine, et nous avons été séduits par l'idée de mettre en relation des photographes avec des sites patrimoniaux et leurs gardiens. Les récits obtenus grâce au réseau international de photographes de la Fondation Magnum mettent ainsi en lumière l'importance de ces sites pour les populations locales.

Les monuments placés sur la Watch du WMF ne sont pas de simples bâtiments, ce sont des sites irremplaçables, témoins d'une histoire commune qui facilitent le dialogue au sein d'une même culture. Ce sont ces liens étroits entre des groupes et des lieux à travers le temps qui rendaient cruciale, pour notre collaboration, l'idée de travailler avec des photographes locaux. À l'inverse d'un photographe qui viendrait documenter un lieu avec un regard extérieur et ne disposerait que de quelques semaines, voire quelques jours, pour le faire, un photographe local a la possibilité de laisser s'étirer le récit : à mesure que les relations se développent et s'approfondissent, l'histoire évolue elle aussi.

En plus des perspectives des partenaires locaux du WMF, les photographes ont bénéficié des conseils créatifs de la Fondation Magnum et du mentorat de photographes expérimentés : Jonas Bendiksen, Cristina de Middel, Thomas Dworzak et Yael Martínez. Ce processus, inscrit dans un temps long et centré sur le processus créatif, à l'opposé des commandes de photographies classiques d'architecture, permet d'appréhender, de manière plus large et plus complète, l'histoire des sites en tant que dépositaires de culture et de mémoire. Cette combinaison de spécificité culturelle, d'accès, de confiance et de soutien à l'expérimentation a produit des résultats extraordinaires :

Eric Gyamfi a documenté les bâtiments traditionnels ashantis à Kumasi, au Ghana, et concentré son objectif sur les gardiens de ces sanctuaires. Alors que l'intérêt local pour la préservation diminue, il valorise leur rôle ainsi que le patrimoine dont ils s'occupent. Par cette approche, les portraits des gardiens deviennent un pont vers l'histoire de ces sanctuaires et leur signification actuelle.

Tace Stevens drew on her own family connection to the Stolen Generations: survivors of the decades during which Australian Aboriginal children and Torres Strait Islanders were forcibly removed from their families and placed in state- or church-run homes. She collaborated with survivors of the Kinchela Boys Home, transforming the site of their trauma into a place of truth-telling and healing. The project overlays images of the site with portraits of the former internees, known as Uncles, and their reflections, highlighting the tethers between past and present. Through ongoing circulation to wider audiences in collaboration with the Uncles, the project emphasizes the essential importance of passing on stories, and the future they are working to build.

Yael Martínez created layered photographic collages of communities surrounding Teotihuacan, Mexico, offering "an analogy of the layers of time, stones, dust, and structures that have built our present and our identity...an image that is alive, transforming itself and transforming our perception of reality and culture."

Peruvian artist Víctor Zea Díaz collaborated with local communities who are reviving pre-Inca technologies across the cultural landscape of Yanacancha-Huaquis to address the effects of climate change. He and collaborator Diego López Calvín placed long-exposure pinhole cameras throughout the mountains, echoing ancient observatories. Tracing the sun's path over the course of many months, the resulting images unfold to reveal the deep connections between a people and their ancestral land. The project was so enthusiastically embraced by the community that Víctor returned to do an exhibition and street procession with the community and plans for a publication that he can share as a lasting record.

These projects, as well as the seven other photo essays in this publication, represent a process of discovery and exploration, deeply rooted in place and community. We are grateful to WMF for taking the journey with us and trusting in the voices and visions of these artists, who offer distinct and unexpected ways of understanding the profound resonance of cultural memory in the present.

SUSAN MEISELAS
President, Magnum Foundation

KRISTEN LUBBEN
Executive Director, Magnum Foundation

Tace Stevens s'appuie sur ses propres liens familiaux avec les « générations volées » : ces enfants aborigènes australiens et insulaires du détroit de Torrès qui furent enlevés de force à leur famille pendant des décennies et placés dans des foyers gérés soit par l'Église, soit par l'État. Elle travaille avec des survivants du foyer pour garçons de Kinchela, transformant le lieu même de leur traumatisme en espace de guérison et de vérité. Son travail superpose des photographies du site avec des portraits d'anciens détenus, appelés « oncles », et leurs reflets, affirmant ainsi les liens entre passé et présent. Grâce à la diffusion de ces images auprès d'un public plus large, et en collaboration avec les « oncles », le projet souligne le caractère essentiel de la transmission des témoignages et l'importance que représente ainsi l'avenir qu'ils s'efforcent de construire.

Yael Martínez crée des collages de plusieurs couches photographiques des communautés qui entourent le site maya de Teotihuacán au Mexique, offrant « une analogie des couches de temps, de pierres, de poussière et de structures qui ont construit notre présent et notre identité… une image vivante, qui se transforme et qui transforme notre perception de la réalité et de la culture ».

L'artiste péruvien Víctor Zea Díaz collabore avec les communautés locales, qui réactivent les technologies pré-incas du paysage culturel de Yanacancha-Huaquis afin de lutter contre les effets du changement climatique. Zea Díaz et son collaborateur Diego López Calvín ont placé des sténopés à pose longue dans les montagnes rappelant les observatoires anciens. Suivant la trajectoire du soleil pendant plusieurs mois, les images révèlent les liens profonds entre un peuple et sa terre ancestrale. Le projet a été accueilli avec tant d'enthousiasme de la part de la communauté locale que Victor est retourné sur place pour organiser une exposition et une procession dans les rues. Il prévoit une publication pour garder une trace de ces travaux.

Ces projets, ainsi que les sept autres essais photographiques de cet ouvrage, représentent un processus de découverte et d'exploration profondément enraciné dans des lieux et dans leur communauté. Nous tenons à exprimer notre reconnaissance au WMF qui a réalisé ce voyage avec nous et fait confiance aux voix et aux idées de ces artistes. Ces derniers nous offrent ainsi des pistes uniques et inattendues pour comprendre la profonde résonance de la mémoire des cultures dans le présent.

SUSAN MEISELAS

Présidente, Magnum Foundation

KRISTEN LUBBEN

Directrice exécutive, Magnum Foundation

ABOUT

ABOUT HERITAGE IN FOCUS

Heritage in Focus is a collaboration between World Monuments Fund and Magnum Foundation to work with local photographers in capturing historic places and their stewards. Photographers were invited to document sites from the 2022 World Monuments Watch.

ABOUT WORLD MONUMENTS FUND

World Monuments Fund is the leading independent organization devoted to safeguarding the world's most treasured places to enrich lives and build mutual understanding. Since 1965, WMF has raised $300 million to support more than 700 diverse cultural heritage sites across 112 countries. Its highly skilled experts have applied effective techniques to preserve important architectural and cultural heritage sites globally. Through the World Monuments Watch—a biennial, nomination-based program—WMF uses cultural heritage conservation to improve human well-being and to empower communities.
wmf.org

ABOUT MAGNUM FOUNDATION

Magnum Foundation expands creativity and diversity in visual storytelling, activating new audiences and ideas through the innovative use of images. Through grants, mentorship, and creative collaborations, we partner with socially engaged image-makers exploring new models for storytelling. Since our founding in 2007 by members of the Magnum Photos cooperative, we have made more than 600 direct grants to visual storytellers from over 80 countries.
magnumfoundation.org

À PROPOS

À PROPOS DE « HERITAGE IN FOCUS »

« Heritage in Focus » est un programme développé conjointement par le World Monuments Fund et la Fondation Magnum pour mettre en valeur des sites historiques et ceux qui s'en occupent, en partenariat avec des photographes locaux. Les photographes sélectionnés étaient invités à documenter certains sites issus de la World Monuments Watch 2022.

À PROPOS DU WORLD MONUMENTS FUND

Le World Monuments Fund est la principale ONG internationale dédiée à la protection de lieux exceptionnels par leur architecture ou leur histoire. Depuis 1965, nous avons soutenu plus de 700 projets dans 112 pays, à hauteur de 300 millions de dollars. Le WMF s'appuie sur un réseau d'experts pour préserver des sites patrimoniaux culturels et architecturaux dans le monde entier. À travers la World Monuments Watch, un appel à candidatures qui a lieu tous les deux ans, le WMF développe des projets de conservation qui améliorent le bien-être des populations et renforcent les communautés.
www.wmf.org

À PROPOS DE LA FONDATION MAGNUM

La Fondation Magnum soutient la créativité et la diversité des récits pour atteindre de nouveaux publics et promouvoir de nouvelles idées grâce à un usage innovant des images. Via des bourses, des programmes de mentorat et des collaborations originales, nous soutenons des artistes socialement engagés, explorant de nouvelles façons de documenter et raconter. Depuis notre création en 2007 par des membres de l'agence Magnum Photos, nous avons octroyé plus de 600 bourses à des artistes et photographes issus de plus de 80 pays.
www.magnumfoundation.org

ERIC GYAMFI

Asante Shrines

VÍCTOR ZEA DÍAZ & DIEGO LÓPEZ CALVÍN

Yanacancha-Huaquis

TACE STEVENS

Kinchela Boys Home

FRANSISCA ANGELA

Sumba

ADRIEN BITIBALY

La Maison du Peuple

SOUMYA SANKAR BOSE

Tiretta Bazaar

MORENA PÉREZ JOACHIN

Lamanai

ELSIE HADDAD

Historic Beirut

TAHILA MOSS

Garcia Pasture

PRASIIT STHAPIT & SHRISTI SHRESTHA

Hitis

YAEL MARTÍNEZ

Teotihuacan

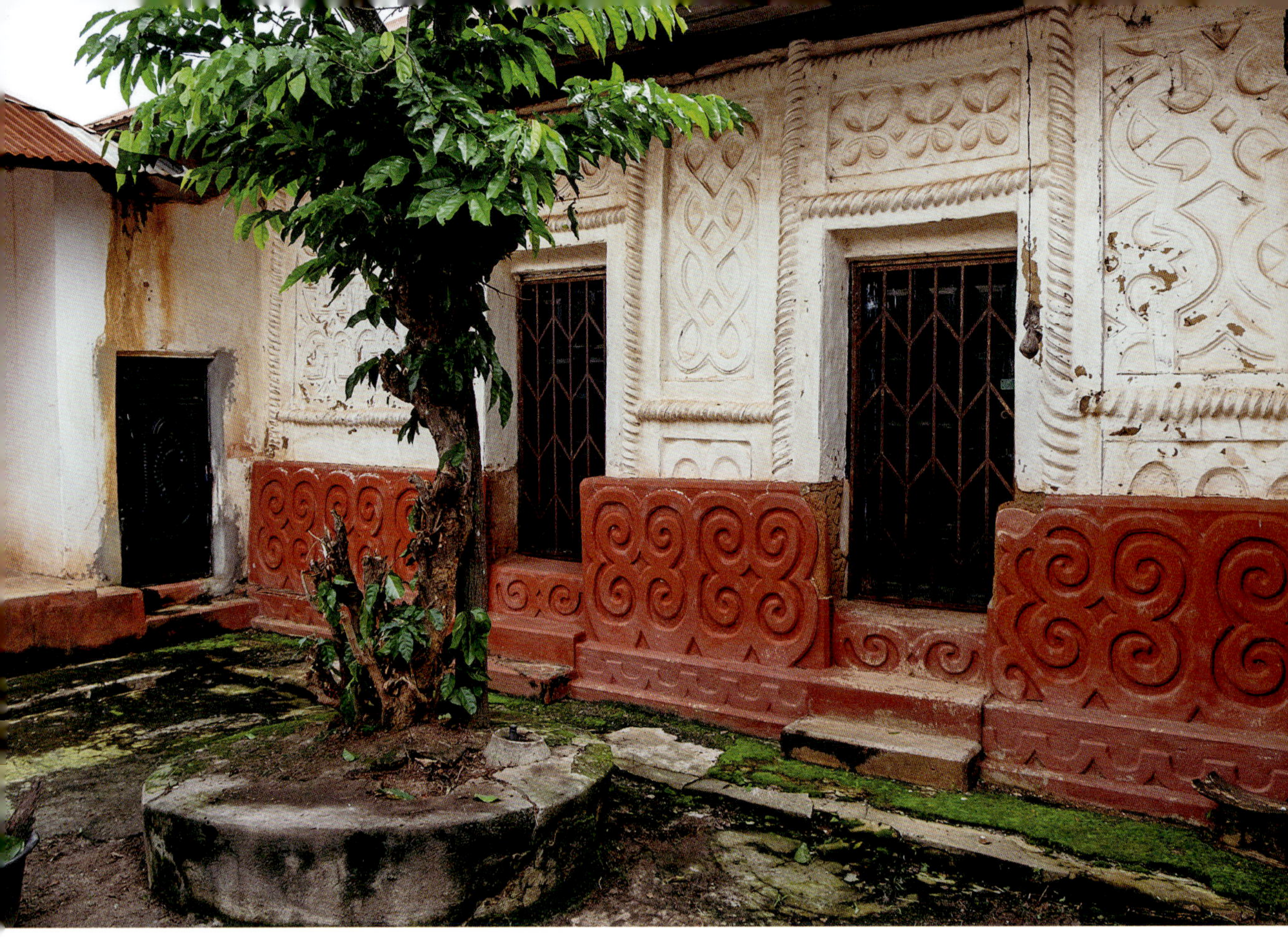

Courtyard of an Asante shrine.
Cour d'un sanctuaire ashanti.

ASANTE SHRINES
Ghana

Only ten buildings remain from the time of the powerful Asante Kingdom, which once ruled over a large part of West Africa. Today, these shrines are under threat as their custodians age and the maintenance traditions vital to their survival are lost.

Seuls dix bâtiments subsistent du puissant royaume ashanti, qui dominait autrefois une grande partie de l'Afrique de l'Ouest. Aujourd'hui, ces sanctuaires sont menacés par la disparition de leurs gardiens traditionnels et de leur savoir-faire, indispensable à l'entretien de ces lieux.

ERIC GYAMFI

is a photographer living and working in Ghana. His work often experiments with the hybrid nature of analog, digital, and chemical photographic processes.
est un photographe qui vit et travaille au Ghana. Son travail expérimente souvent de manière hybride des processus photographiques analogiques, numériques et chimiques.

FIHANKRA: A GLIMPSE INTO TRADITIONAL ASANTE ARCHITECTURE

Characterized by earth tones, organic textures, and interlacing designs, Asante architecture reflects the kingdom's rich history. Like the extended families that once lived around Asante courtyards, the priests and custodians who keep these shrines alive pass their knowledge from one generation to the next. These photos capture the generations of Asante stewards whose care and craft skills have preserved these incredible structures.

L'architecture ashantie, qui se caractérise par des tonalités de terre, des textures organiques et des motifs entrelacés, reflète la riche histoire du royaume. Les prêtres et les gardiens de ces lieux continuent de transmettre leur savoir de génération en génération, comme le faisaient les familles qui y vivaient autrefois. Ces photos témoignent du rôle de cette protection ashantie, ayant préservé ces monuments extraordinaires grâce à leurs soins et à leur savoir-faire.

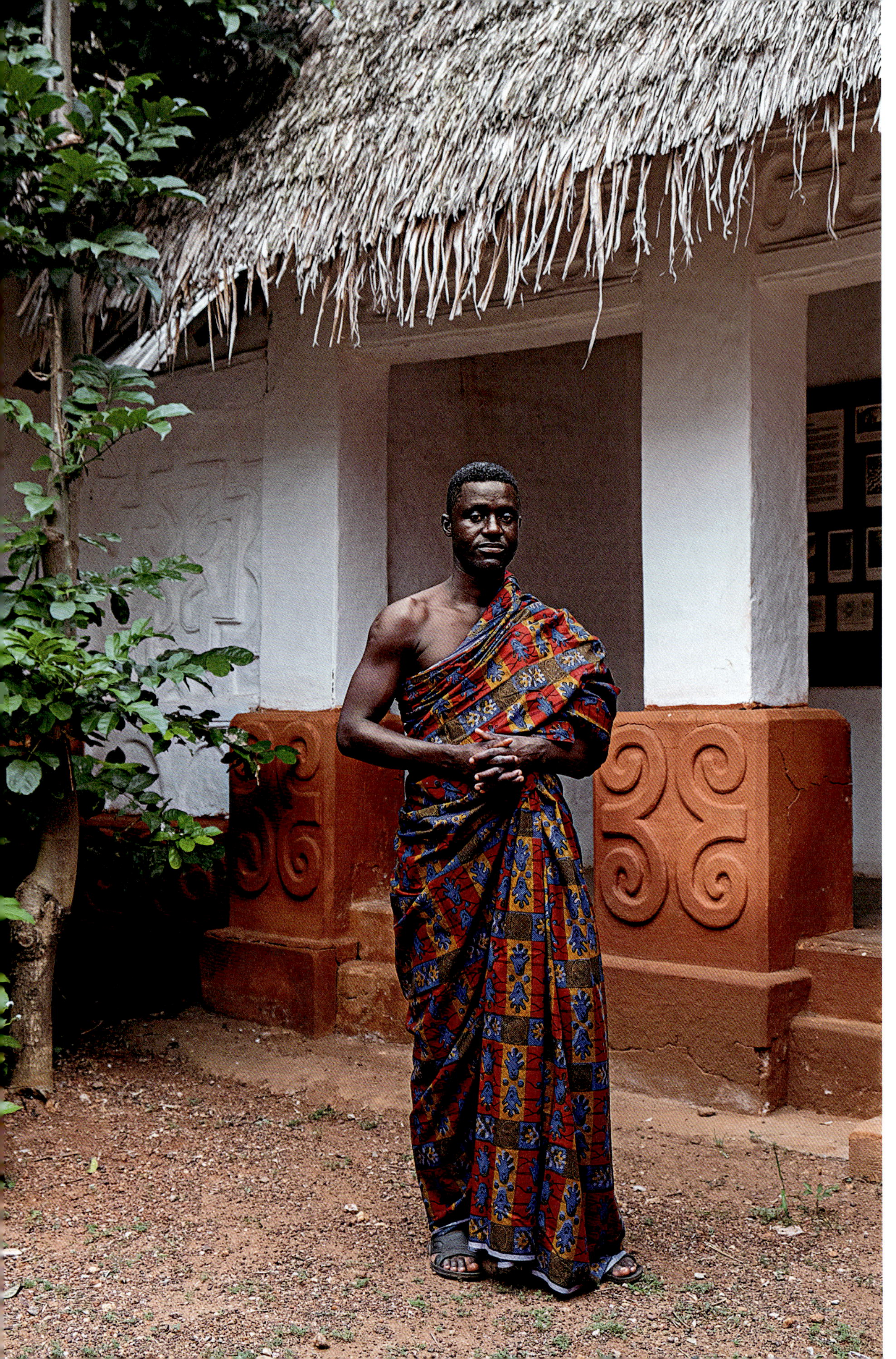

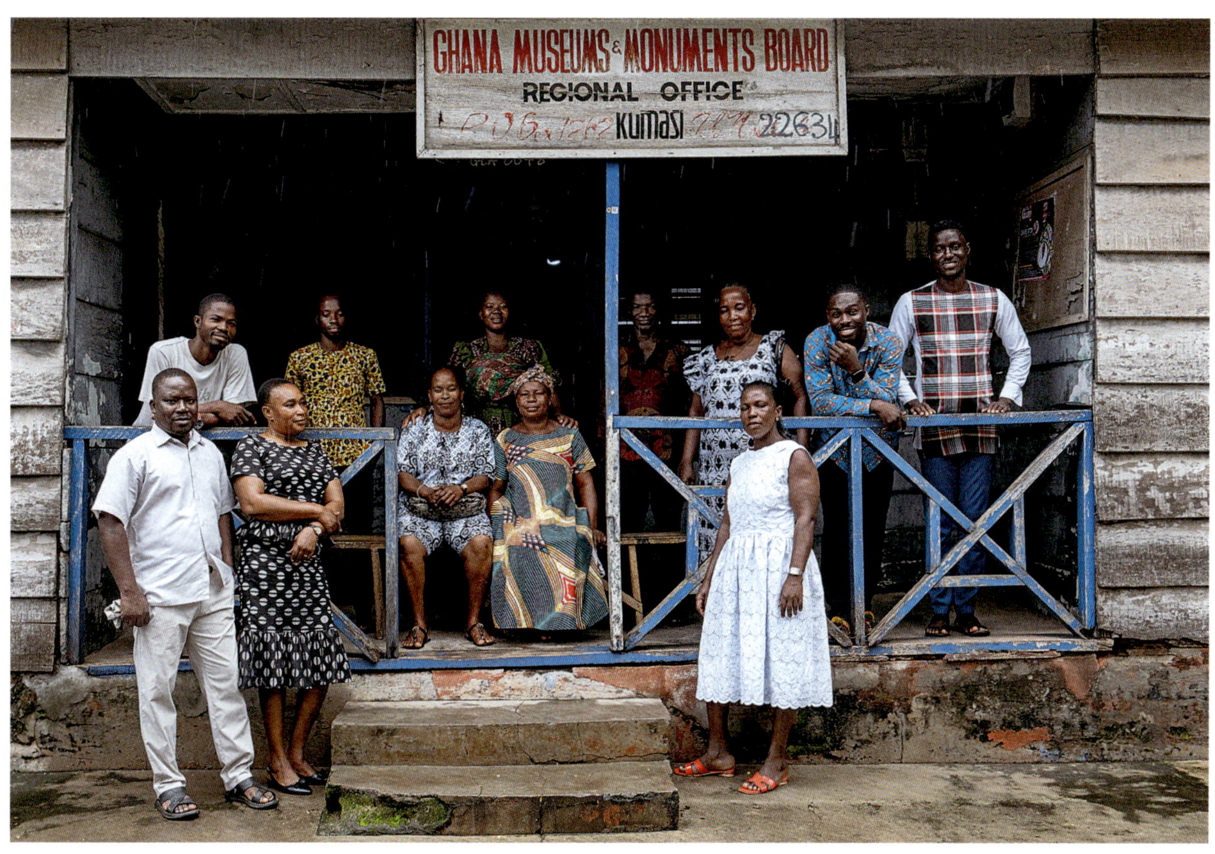
GHANA MUSEUMS & MONUMENTS BOARD
REGIONAL OFFICE
KUMASI

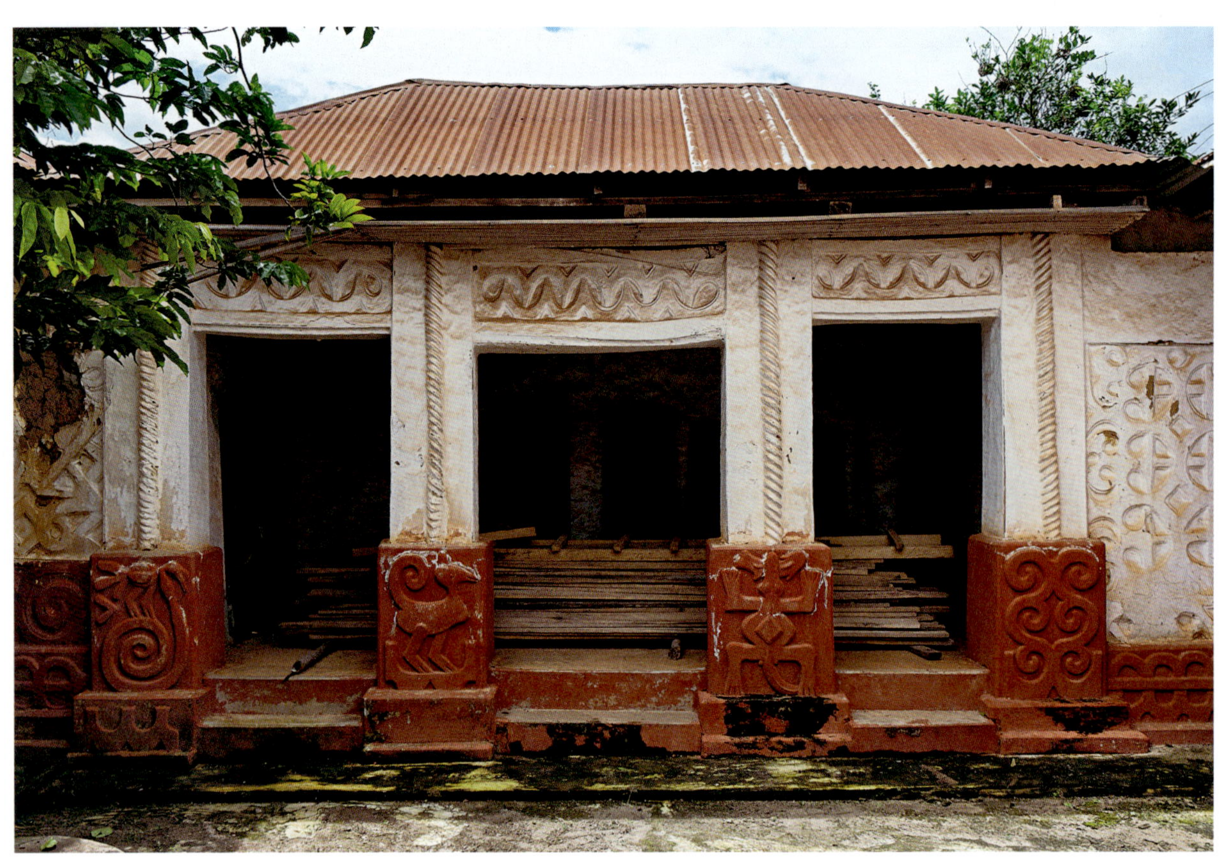

Left / *Gauche*
Former cooks' section of a shrine.
Anciennes cuisines d'un sanctuaire.

Right / *Droite*
Maame Anowuoh, caretaker of the Patakro Shrine. Her grandfather was the shrine's resident priest.
Maame Anowuoh, qui s'occupe du sanctuaire Patakro. Son grand-père était le prêtre du sanctuaire.

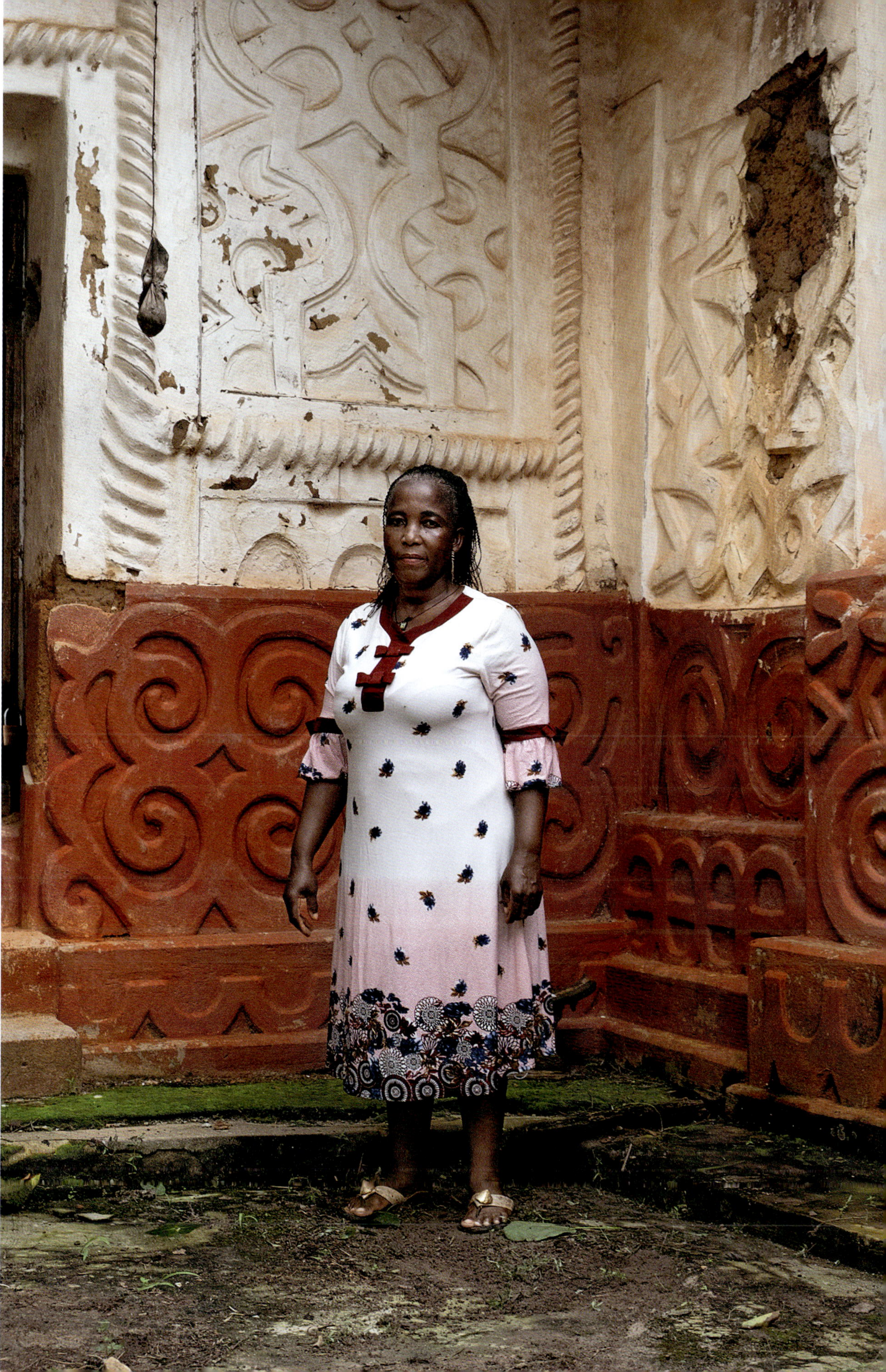

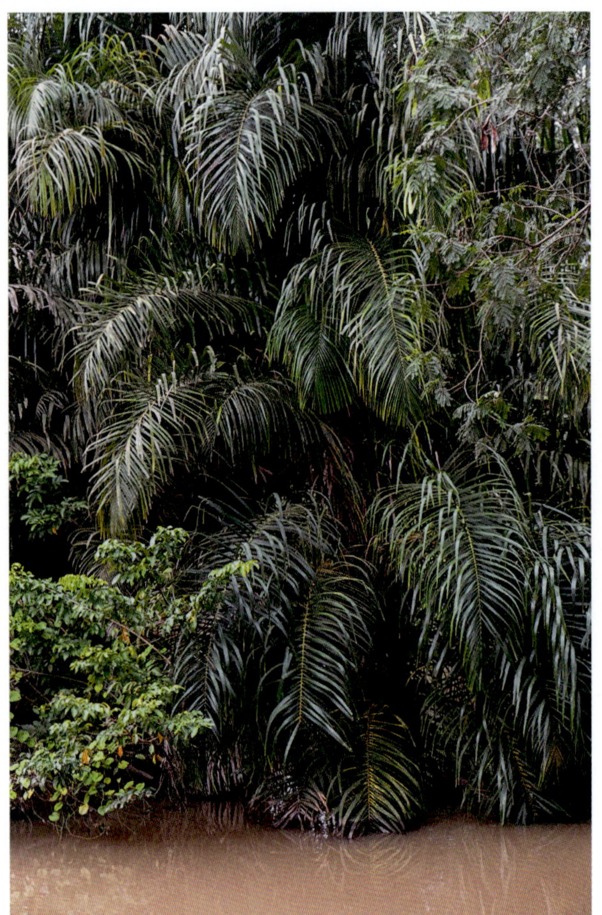 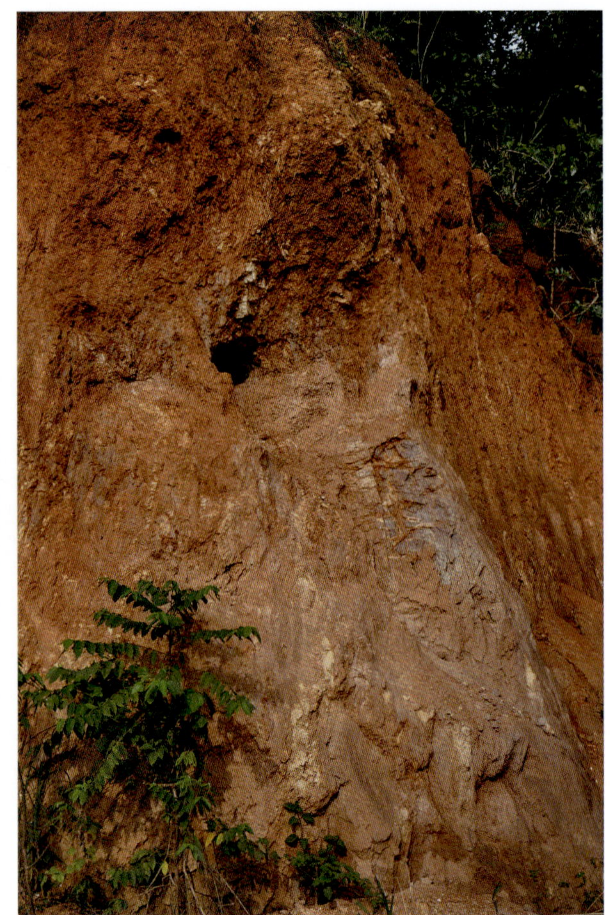

Raffia was originally used to make the shrines' roofs (it has now largely been replaced by metal). *Antwema* (red earth) is used for decoration, and bamboo is used as a structural support.
Le raphia était à l'origine utilisé pour les toits des sanctuaires ; il est maintenant souvent remplacé par du métal. La terre rouge, aussi appelée «antwema», est utilisée pour la décoration tandis que la structure est faite de bambou.

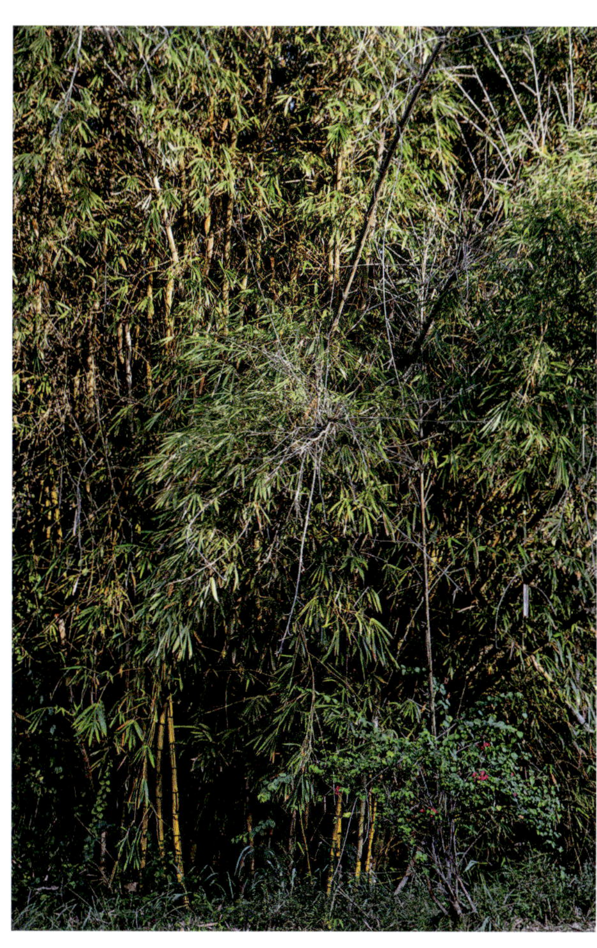

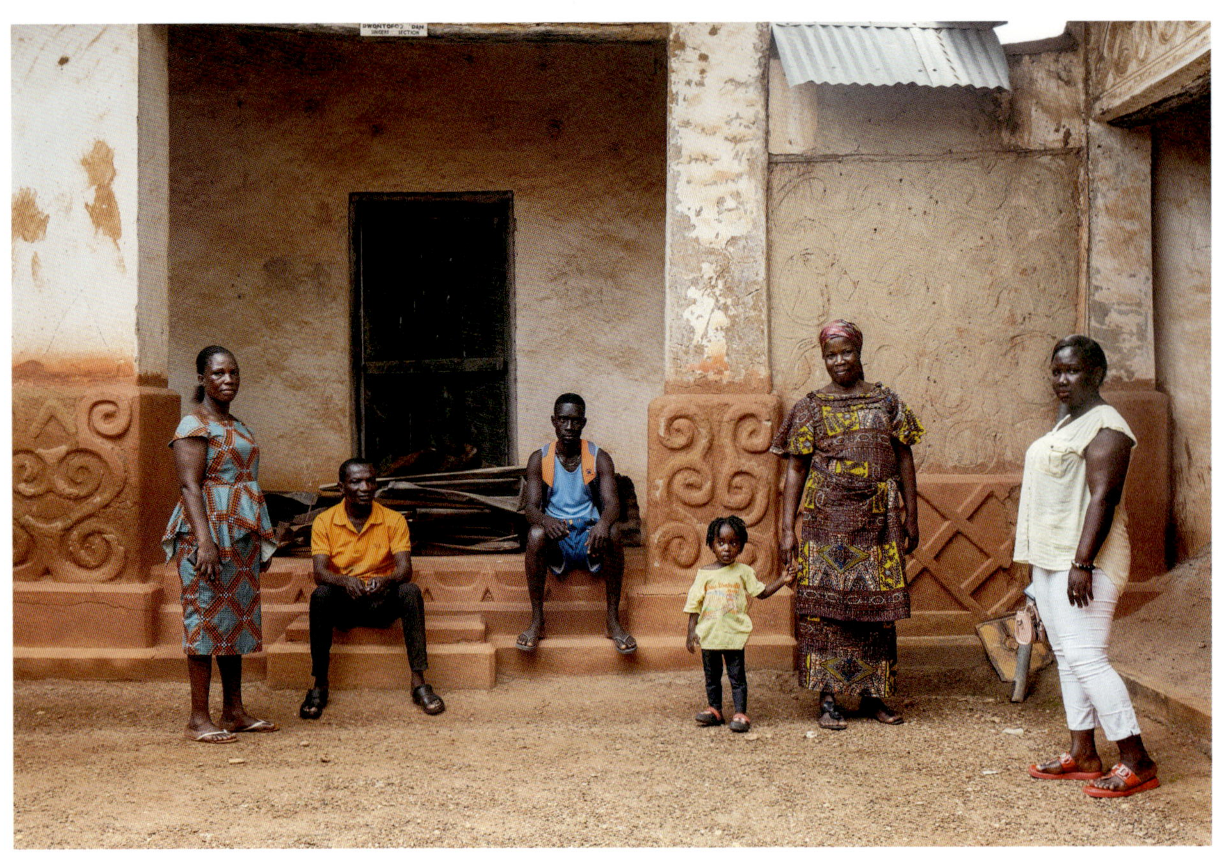

Left / *Gauche*
Yaa Tiwaa with family members and GMMB driver Akwasi Amankwaa at the Adako Gyaakye Shrine.
Yaa Tiwaa avec des membres de sa famille et le chauffeur du GMMB, Akwasi Amankwaa, au sanctuaire de Adako Gyaakye.

Right / *Droite*
Maame Yaa Saa at the Tano Banie Shrine.
Maame Yaa Saa au sanctuaire de Tano Banie.

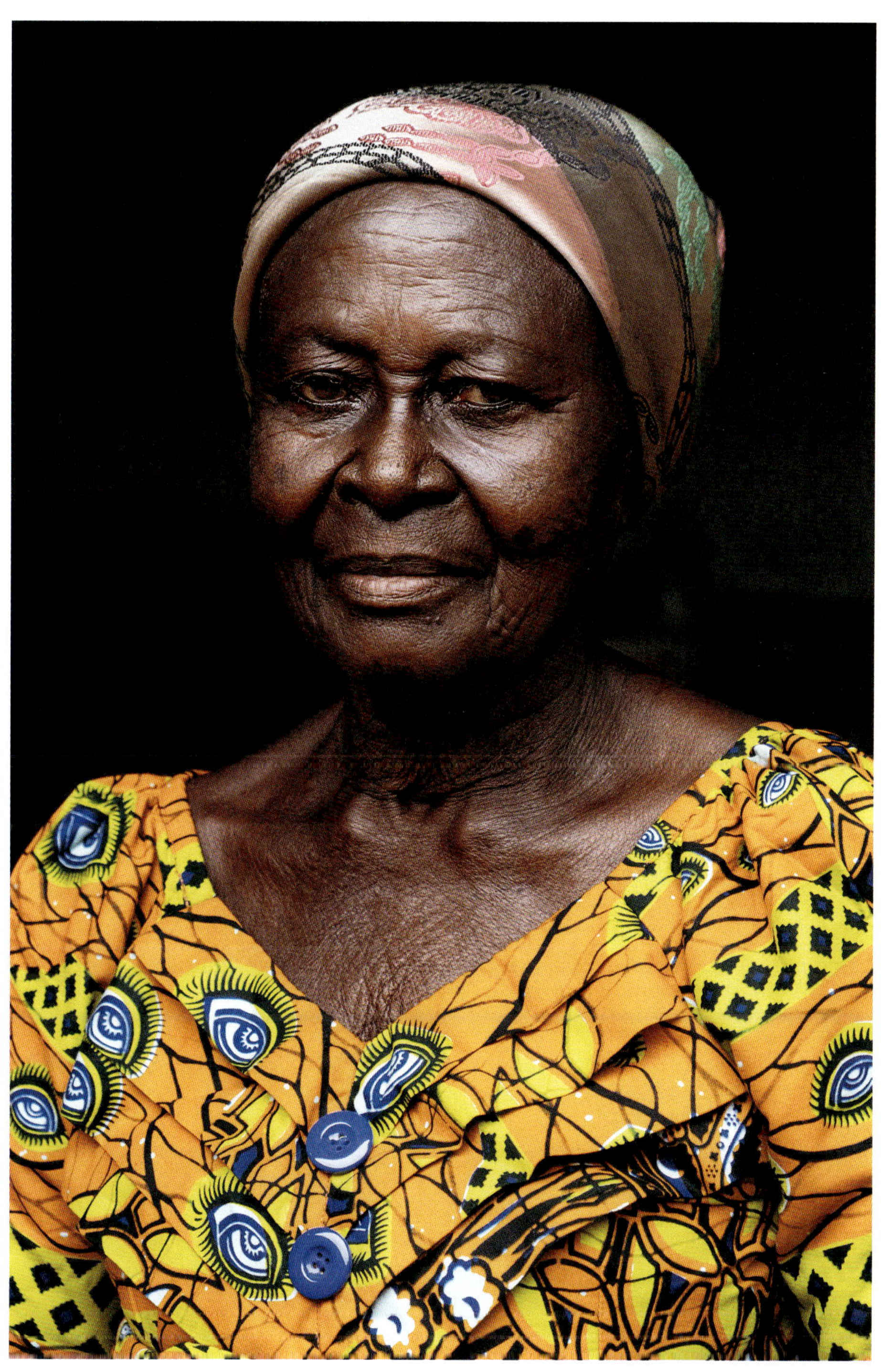

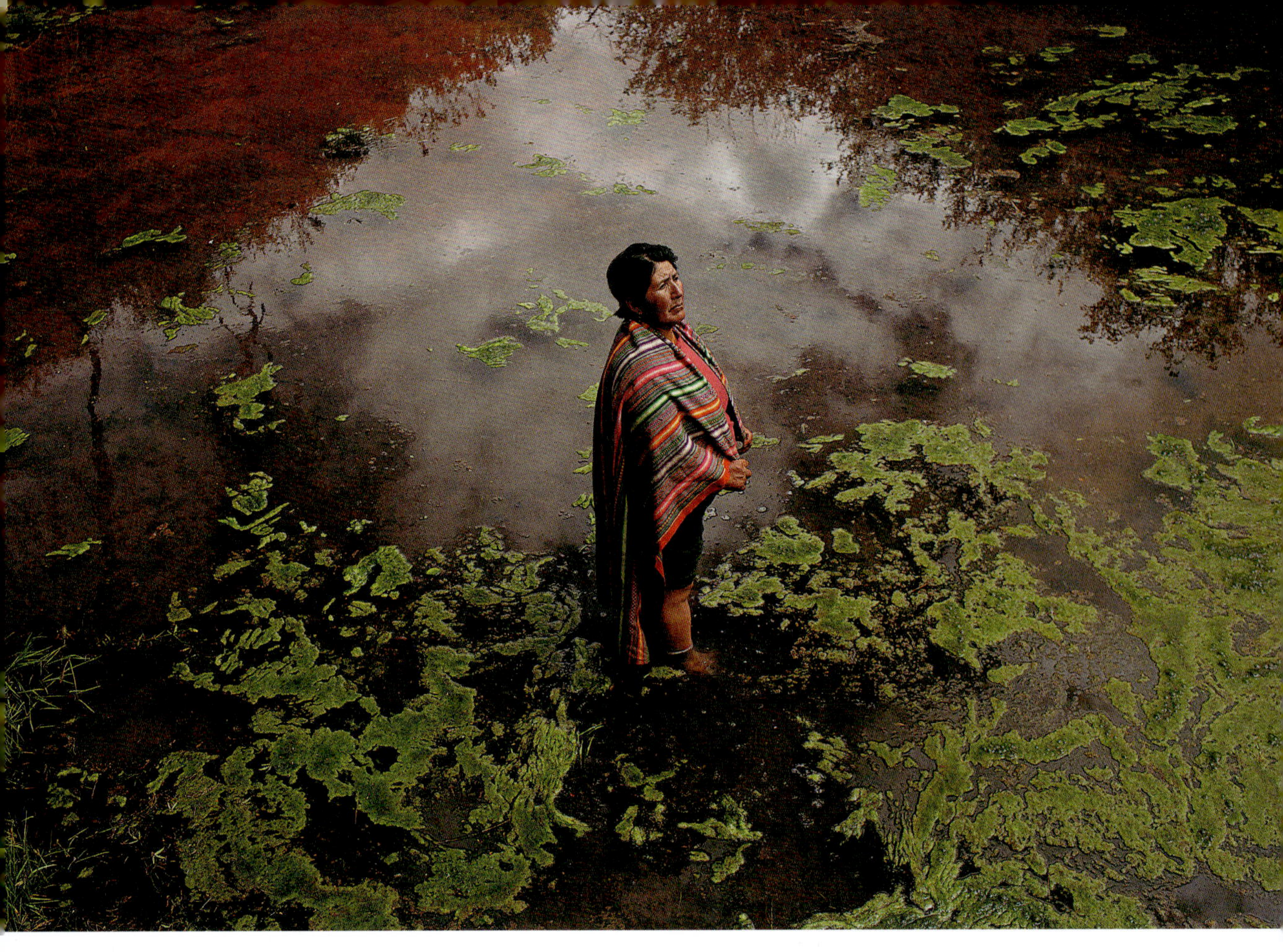

Portrait of Rita Castillo in the Patihuisinca Reservoir.
Portrait de Rita Castillo, réservoir de Patihuisinca.

YANACANCHA-HUAQUIS

Peru

In the Andes, ancient systems of canals and dams ensured that communities had enough water during the dry season. Now, their descendants are reviving pre-Inca technology to adapt to worsening droughts caused by climate change.

Dans les Andes, les systèmes historiques de canaux et de barrages garantissaient aux habitants l'accès à une quantité suffisante d'eau pendant la saison sèche. Aujourd'hui, leurs descendants redonnent vie à cette technologie pré-Inca afin de s'adapter aux sécheresses amplifiées par les changements climatiques.

VÍCTOR ZEA DÍAZ

is a Cusco-based documentary photographer. His work has been published in *National Geographic*, *The Atlantic*, by the BBC, and elsewhere.
est un photographe documentaire basé à Cusco. Son travail a été publié dans National Geographic, The Atlantic, *à la BBC, et bien d'autres.*

DIEGO LÓPEZ CALVÍN

is a freelance photographer based in Madrid. He is one of the inventors of solarigraphy, which uses pinhole cameras and long exposures to track the movement of the sun.
est un photographe indépendant basé à Madrid. Il est l'un des inventeurs de la solarigraphie, qui utilise le sténopé et la pose longue pour suivre le mouvement du soleil.

THE LEGACY OF THE STONE

This visual essay portrays the relationship between the people and their ancestral land as they preserve their past to build their future. Like the eyes of the mountain, pinhole cameras trace the sun's path, echoing ancient observatories. As droughts intensify, ancient technology transcends time to build climate resilience.
Cet essai visuel dépeint la relation qui unit les habitants à leur terre ancestrale, préservant le passé pour construire leur avenir. Les appareils photo à sténopé, comme des yeux dans la montagne, reconstituent la trajectoire du soleil et évoquent les anciens observatoires. Alors que les sécheresses s'intensifient, les savoir-faire traditionnels transcendent le temps pour développer une capacité de résilience climatique.

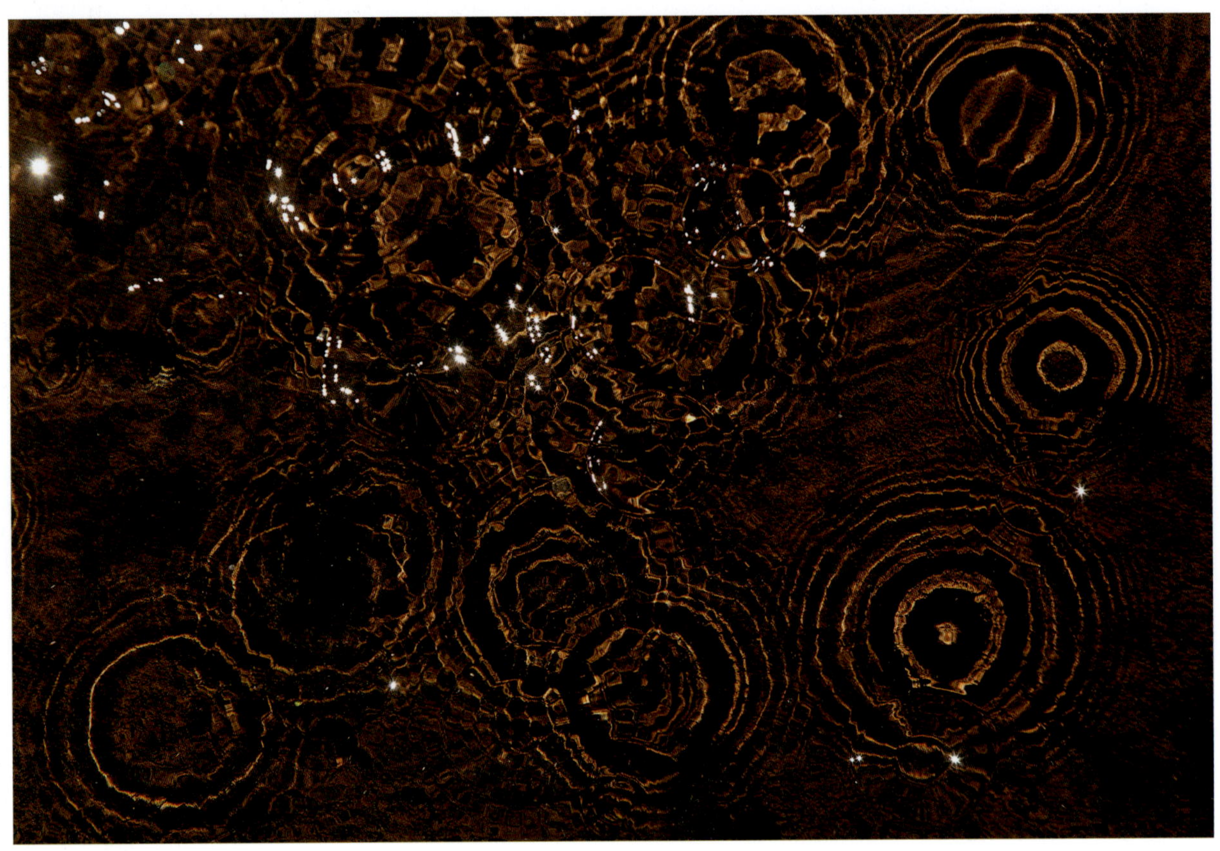

Left / *Gauche*
Drops of water from the Patihuisinca Spring, which irrigates the Maizal platforms.
Gouttes d'eau de la source de Patihuisinca, qui irrigue les cultures en terrasse de Maizal.

Right / *Droite*
Eye of community member Aníbal Santiago at the Espíritu Santo Spring.
Œil d'un membre de la communauté, Aníbal Santiago, à la source Espíritu Santo.

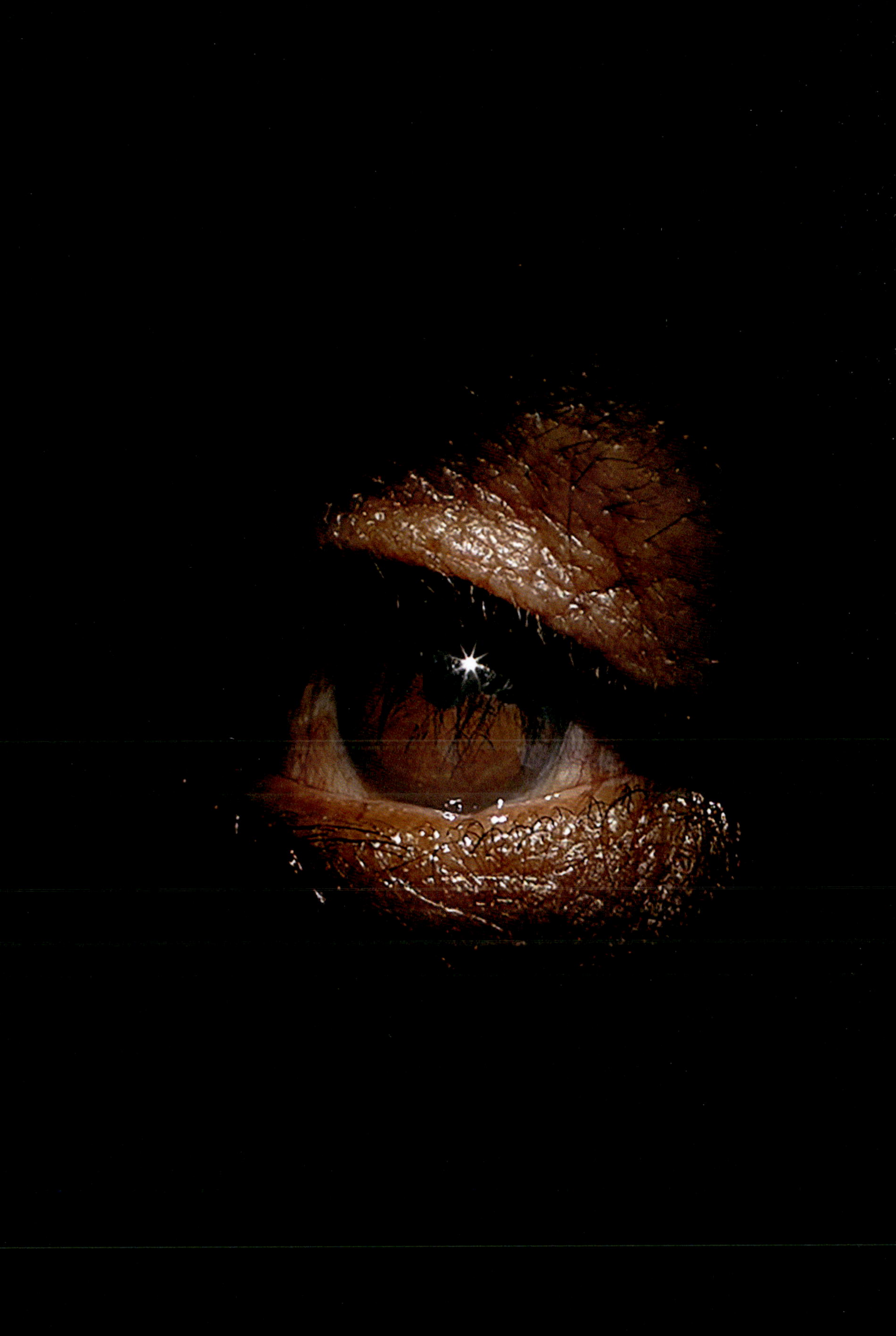

Single-day solarigraph of the tower of the old town of Huaquis,
in collaboration with Diego López Calvín.
*Solarigraphie réalisée sur une journée, avec la tour de la vieille ville de Huaquis,
en collaboration avec Diego López Calvín.*

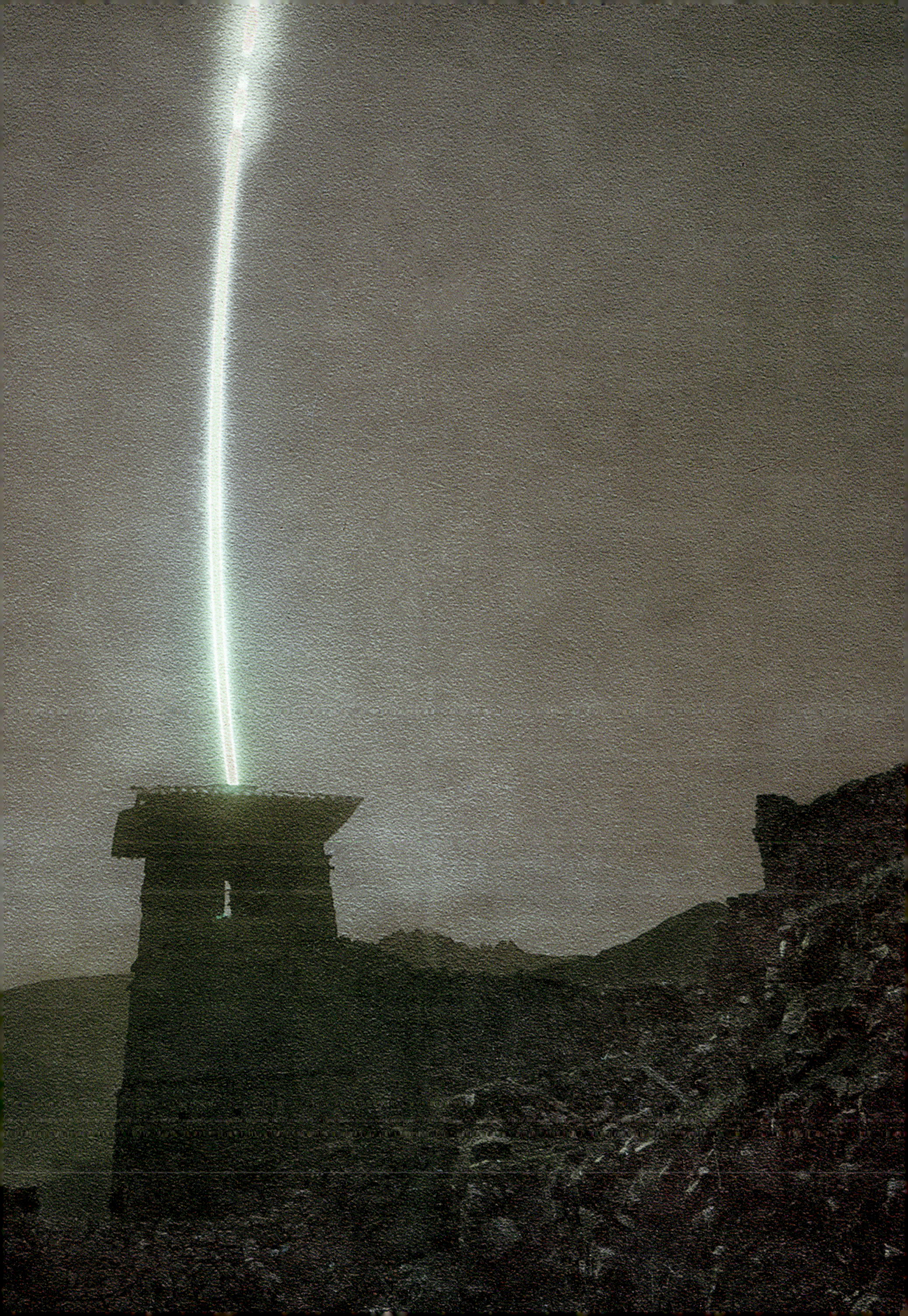

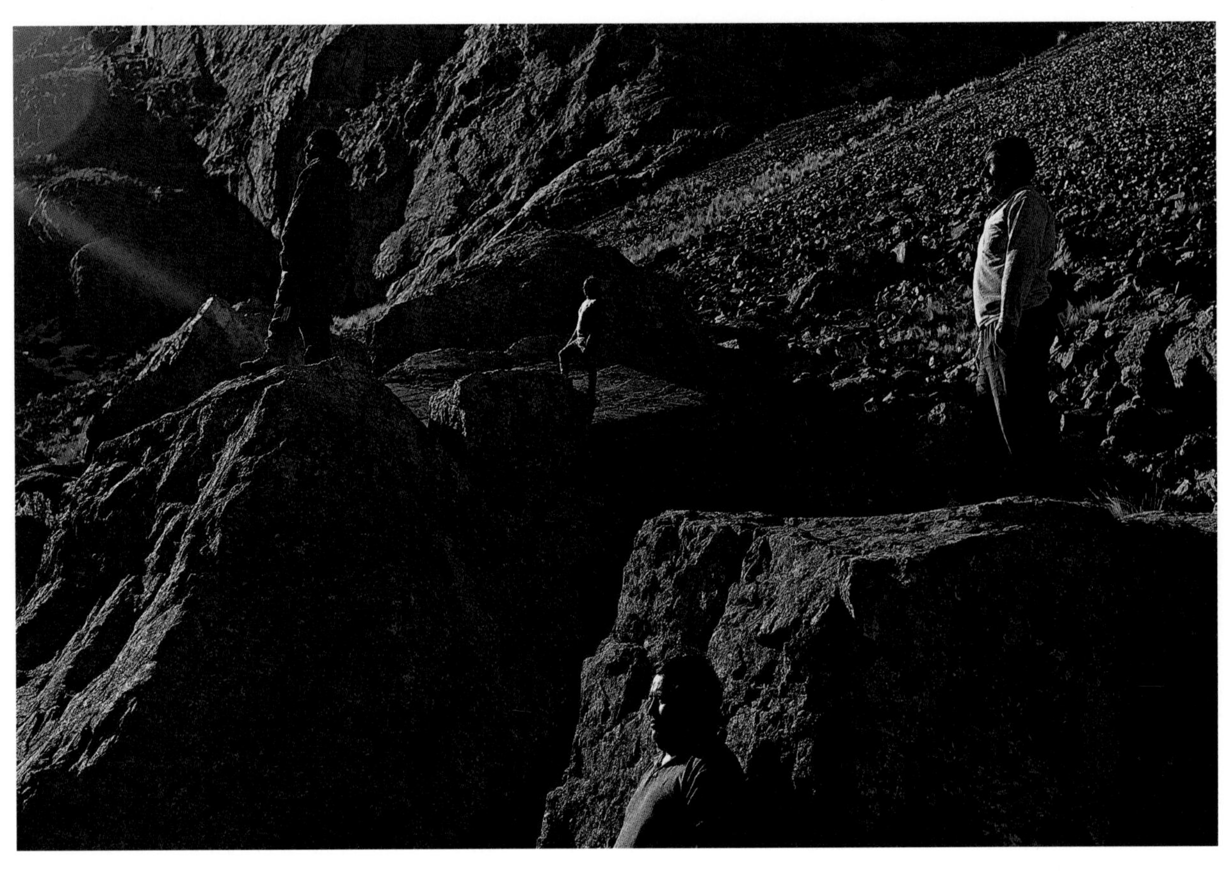

Plinio Reyes, Elías Pio, Sergio Romero, and Gerardo Segura pose for a portrait on the blocks of stone that have fallen from the mountains around the Yanacancha Lagoons.
Plinio Reyes, Elías Pio, Sergio Romero et Gerardo Segura posent sur les blocs de pierre ayant chuté des montagnes proches des lagunes de Yanacancha.

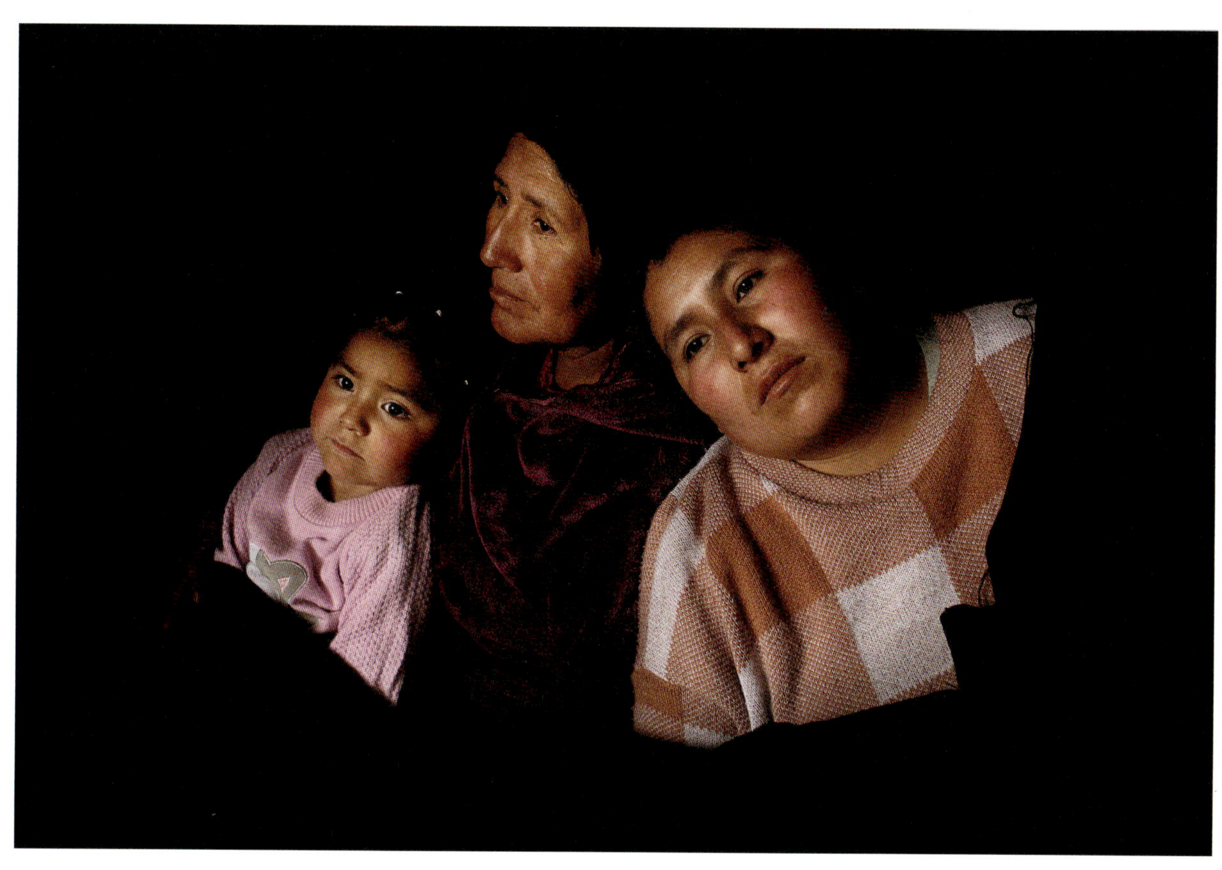

Generational portrait of Rita Castillo, her daughter Fiorella Lazo, and her granddaughter Aine Carrillo.
Portrait de famille : Rita Castillo, sa fille Fiorella Lazo et sa petite-fille Aine Carrillo.

Next page / *Page suivante*
Reflection of wetlands in the Yanacancha area, behind which Mount Wanin can be seen.
Reflets sur les marais de la région de Yanacancha, avec en arrière-plan le mont Wanin.

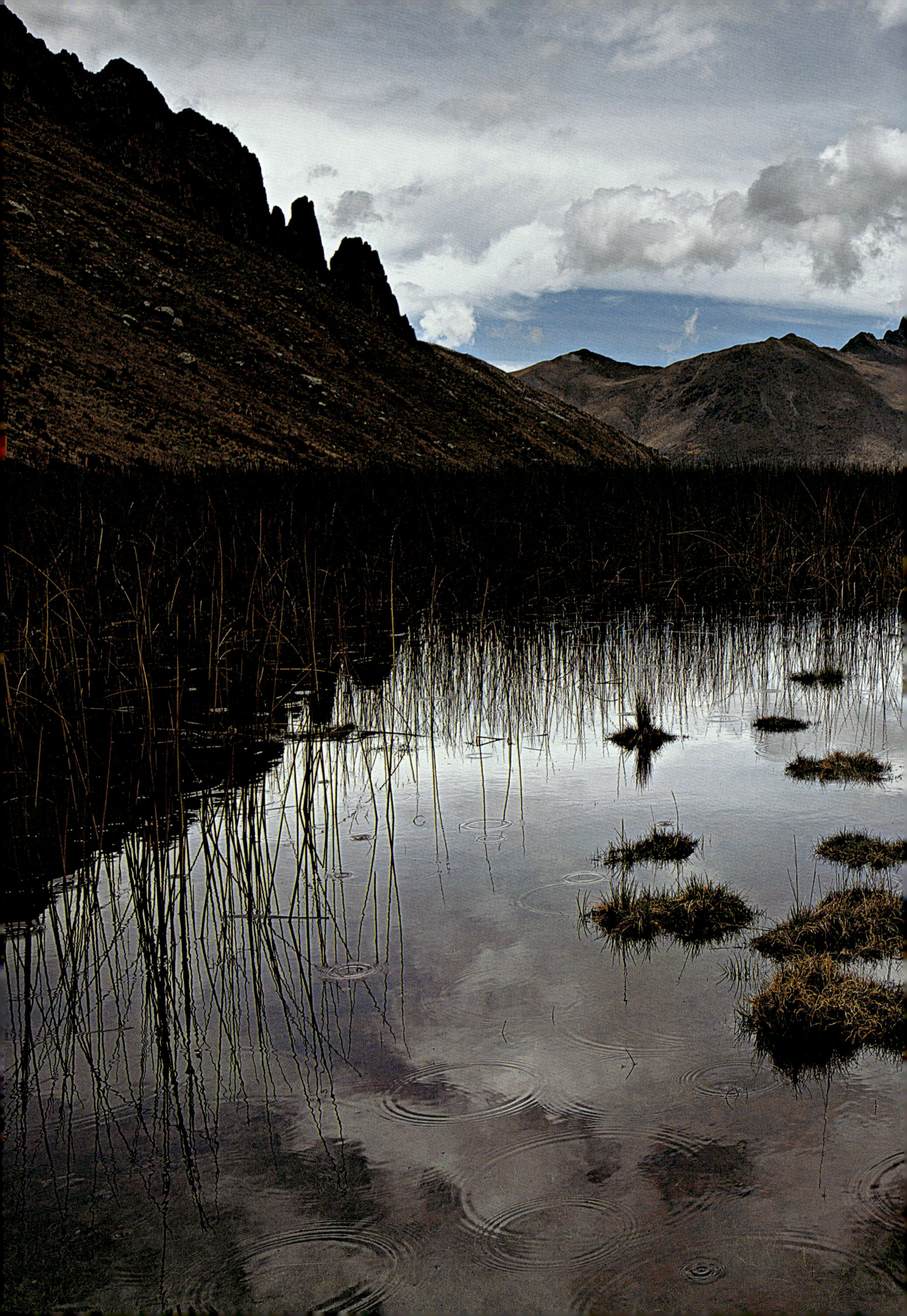

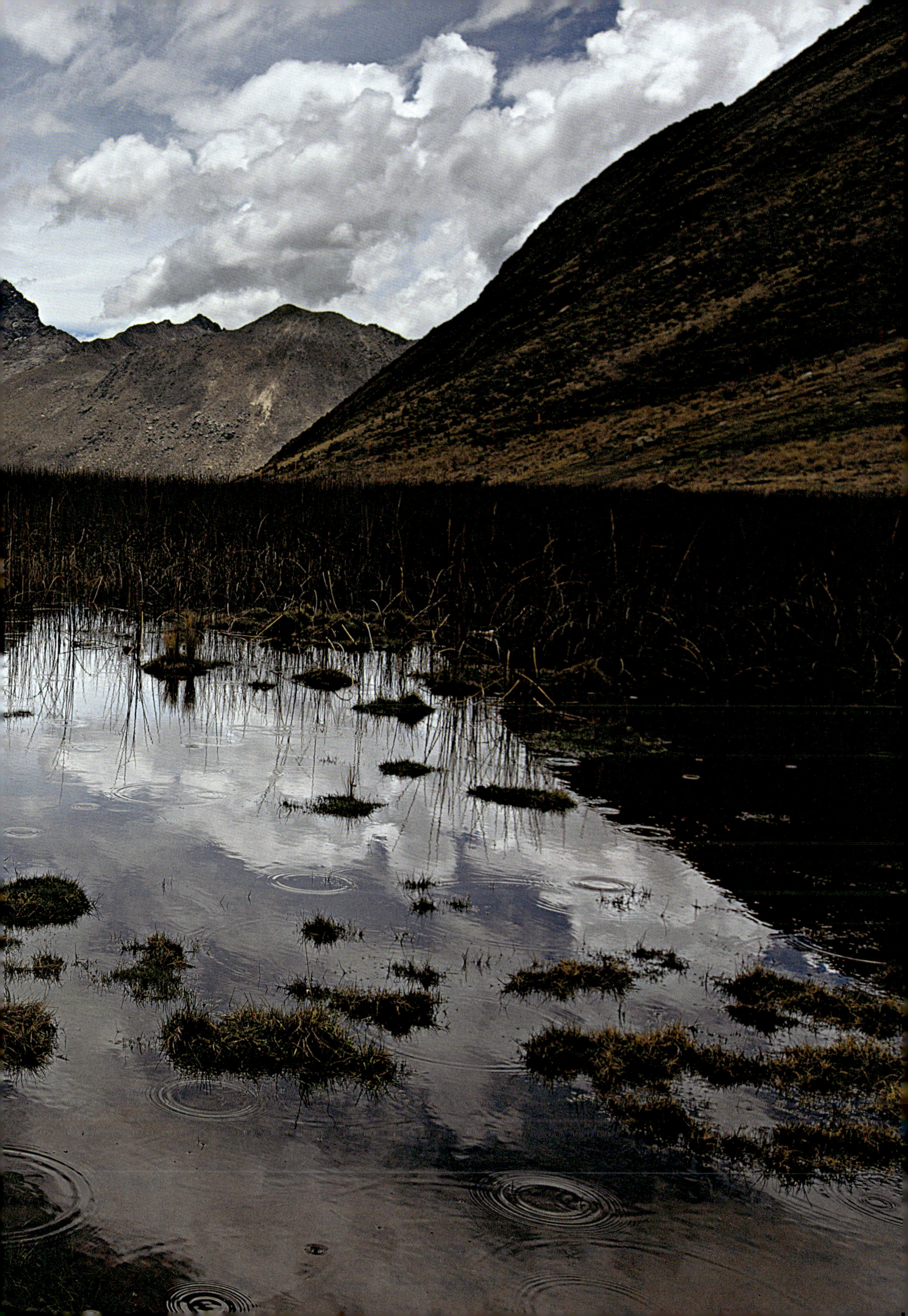

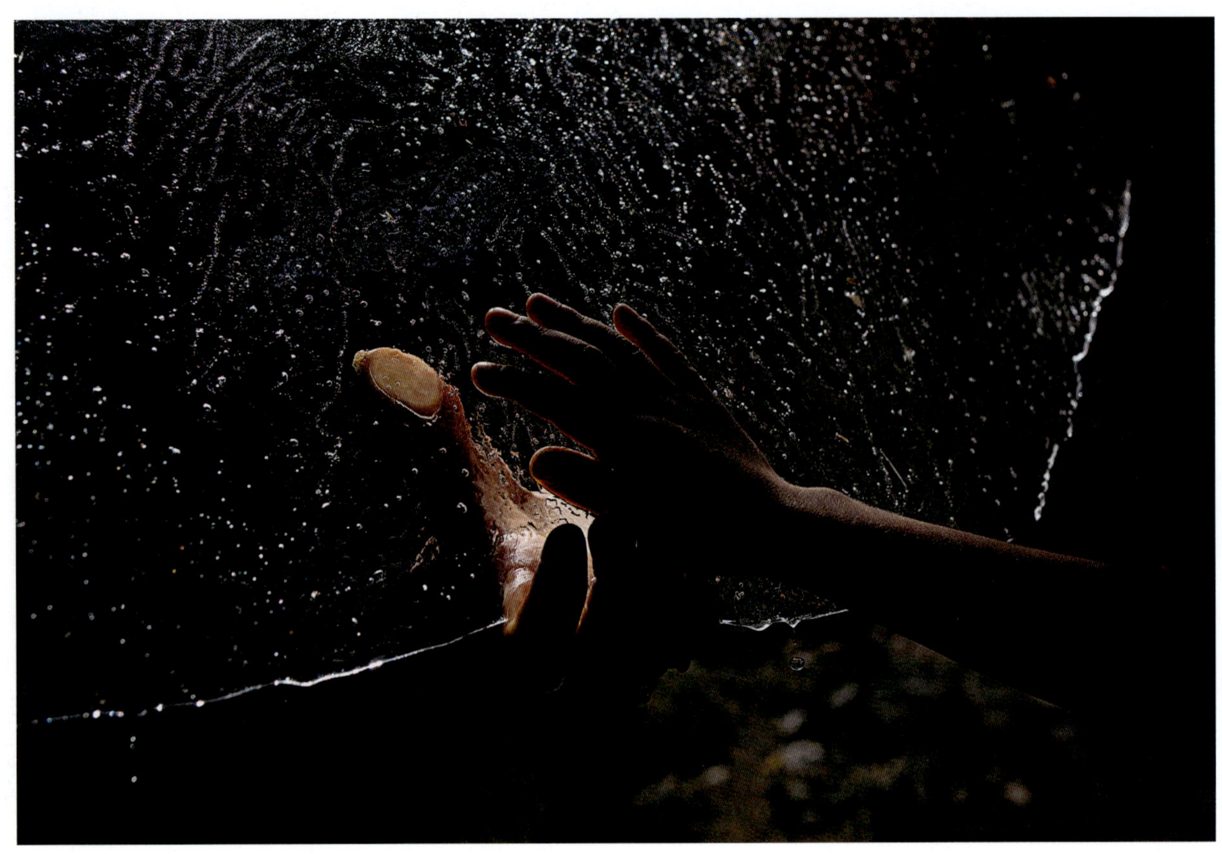

Left / *Gauche*
Mirtha Alberto and her daughter Maia Sánchez touch an ice sheet formed by frost in the Yanacancha Lagoons.
Mirtha Alberto et sa fille Maia Sánchez touchant une couche de glace formée sur les lagunes de Yanacancha.

Right / *Droite*
Cecilia Sánchez poses for a portrait at a waterfall in the Quicho Quicho area.
Portait de Cecilia Sánchez près d'une cascade dans la zone de Quicho Quicho.

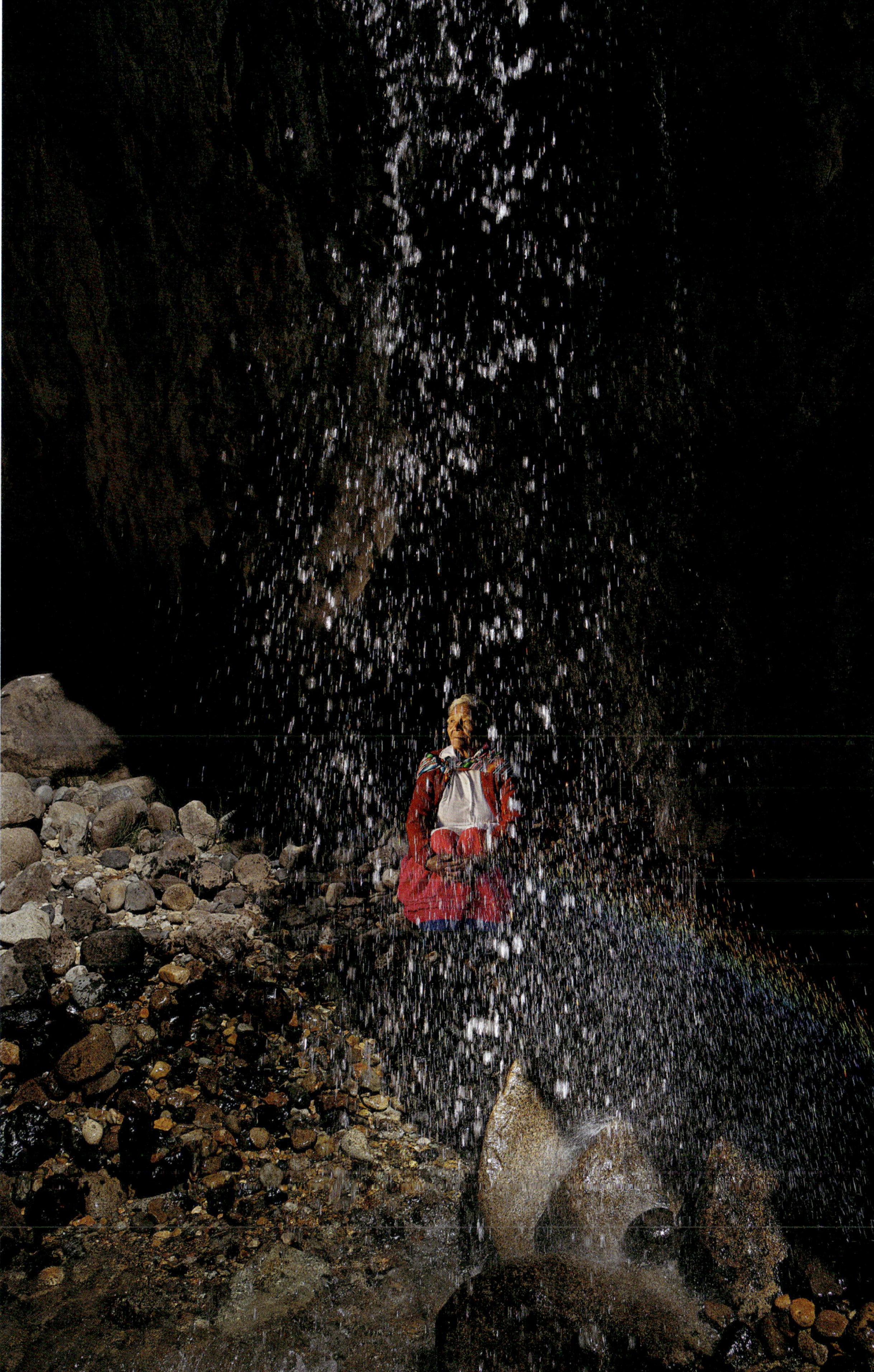

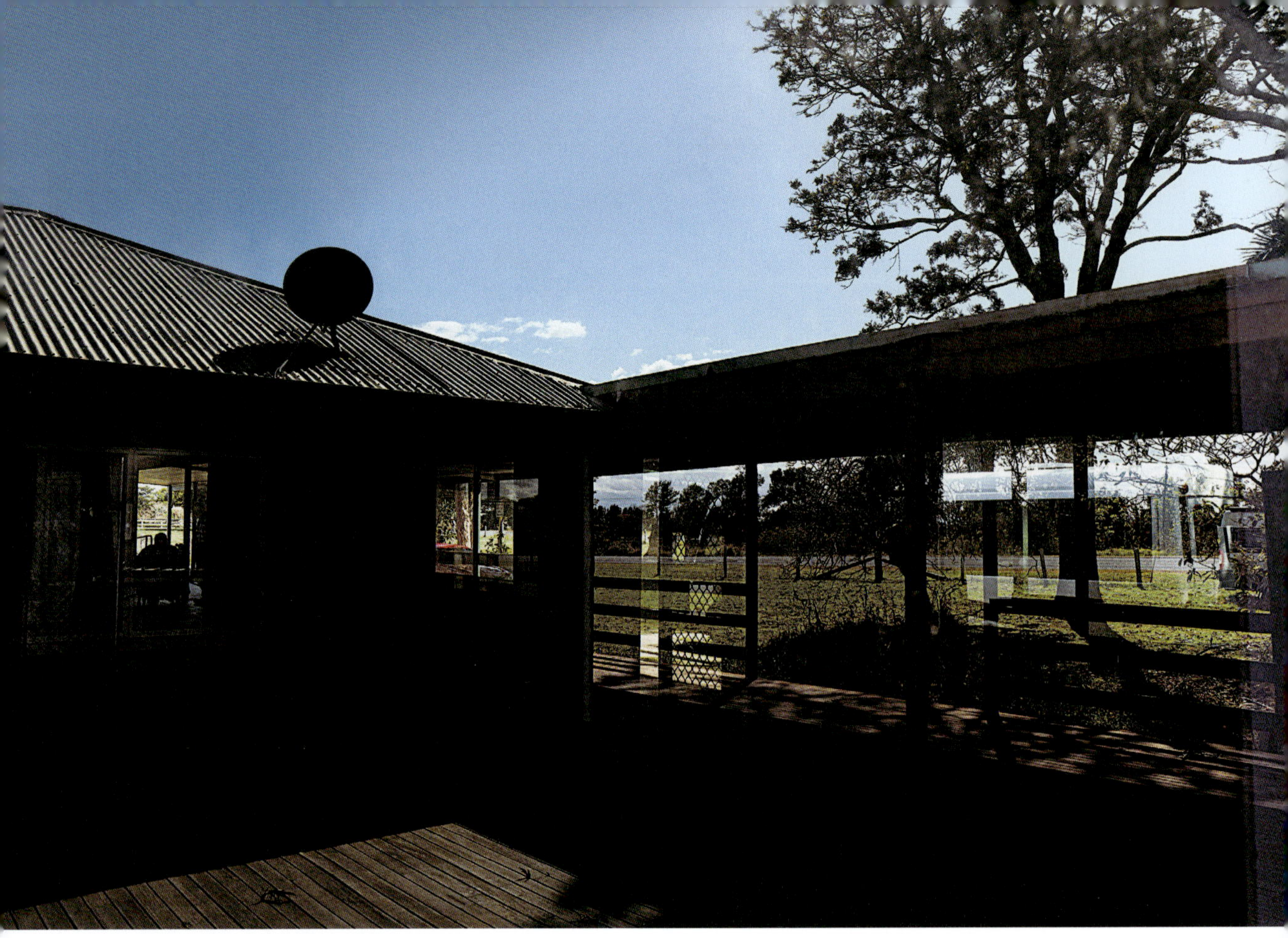

"They call it the Stolen Generations. It's a kidnapping by this country, what the government did to us…
take us out of our Aboriginal culture, and turn us into a white fulla, to breed us out." Uncle William Nixon, #24.
« On nous appelle les "générations volées". Ce que le gouvernement nous a fait, nous priver de notre culture aborigène et nous
convertir en Blancs pour nous éliminer…, c'est un enlèvement généralisé. » Oncle William Nixon, n° 24.

KINCHELA BOYS HOME
Australia

For decades, Aboriginal children were kidnapped from their homes and imprisoned at Kinchela, where they were forced to assimilate into white society. A group of survivors is working to turn the site of their trauma into a place of truth-telling and healing.

Pendant des décennies, les enfants aborigènes ont été kidnappés, arrachés à leurs foyers et emprisonnés à Kinchela afin de les assimiler par la contrainte au sein de la société blanche. Un groupe de survivants travaille à transformer ce lieu en un espace consacré à ce récit et à la guérison.

TACE STEVENS

is a Noongar and Spinifex visual storyteller from Western Australia. She uses photography and film to explore this world and to better understand who she is as an Aboriginal woman.
est une photographe noongar et spinifex de l'ouest de l'Australie. Elle explore le monde à travers la photographie et la vidéo, pour mieux comprendre son identité de femme aborigène.

WE WERE JUST LITTLE BOYS

For members of what is known as the Stolen Generations, connections with family and cultural identity were severed, leaving lifelong trauma due to physical, mental, and sexual abuse. In these portraits, overlays of reflections and archival images embody different perspectives; past and present are tethered. Through the Uncles' stories, this project shines a light on the site and the truth it testifies to.
Pour les victimes de ce que l'on appelle les « générations volées », le lien familial et l'identité culturelle ont été rompus, entraînant des traumatismes à vie engendrés par des abus physiques, mentaux et sexuels. Dans ces portraits, la superposition de reflets et d'images d'archives incarne différentes perspectives ; le passé et le présent sont liés. À travers les récits des « oncles », ce projet met en lumière le site et l'histoire dont il est le témoin.

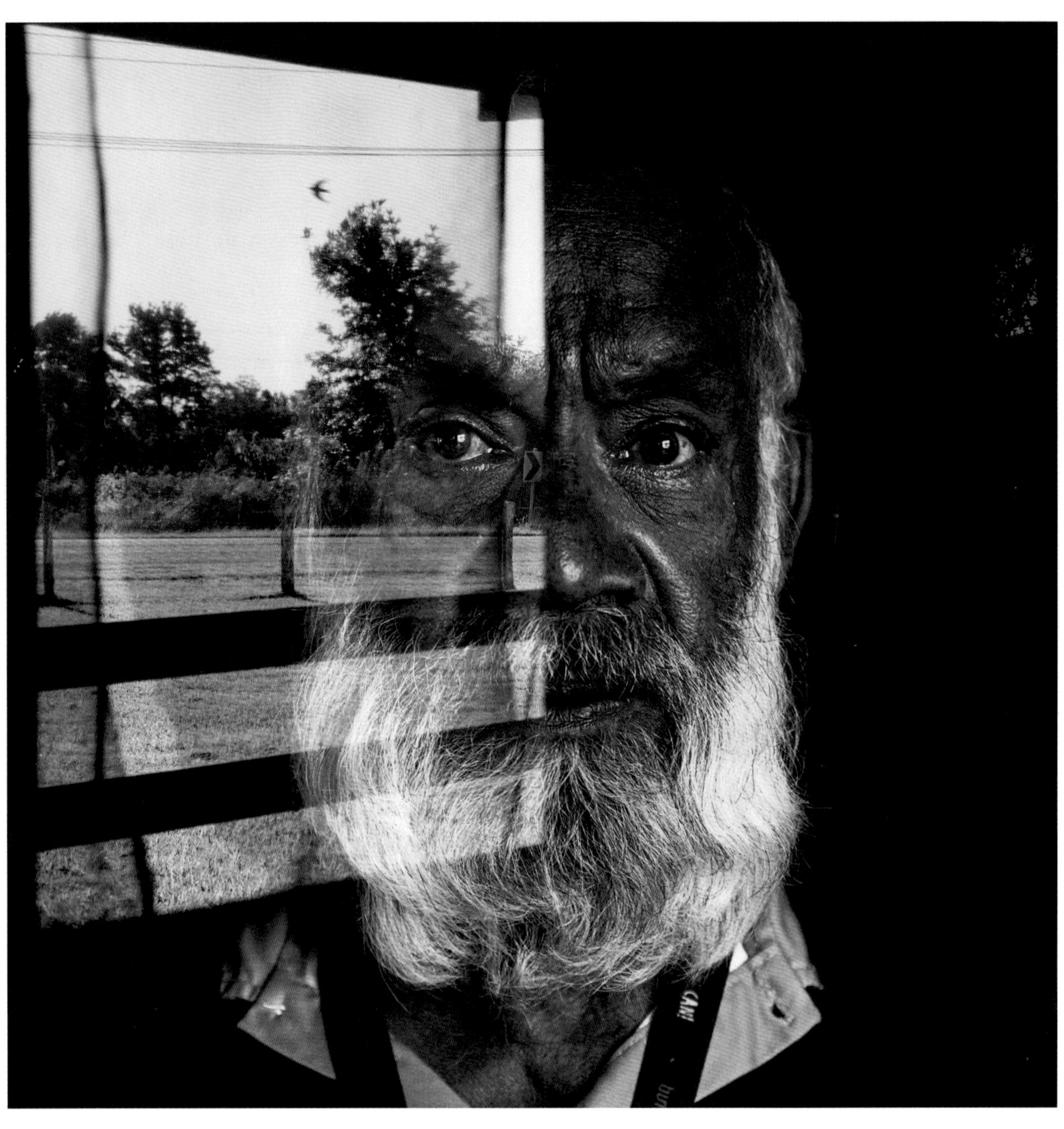

"This place...we were just little slaves." Uncle Ian "Crow" Lowe, #41.
« Cet endroit... Nous n'étions que de petits esclaves. » Oncle Ian « Crow » Lowe, n° 41.

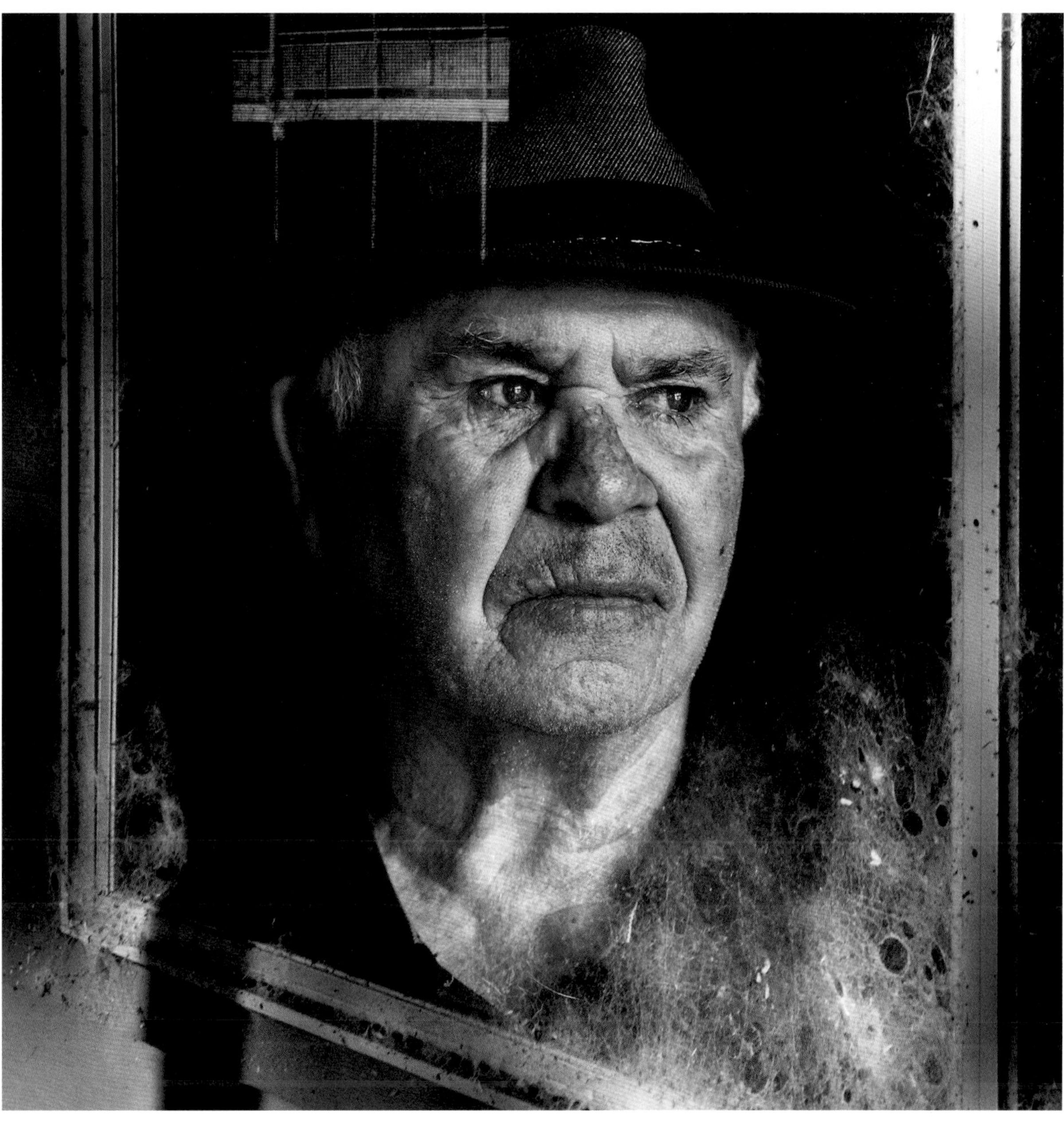

"We really want to have the resources to be able to rebuild the family structure that they broke."
Uncle James Michael "Widdy" Welsh, #36.
« Nous souhaitons avoir les ressources nécessaires pour reconstruire la structure familiale qu'ils ont brisée ».
Oncle James Michael « Widdy » Welsh, n° 36.

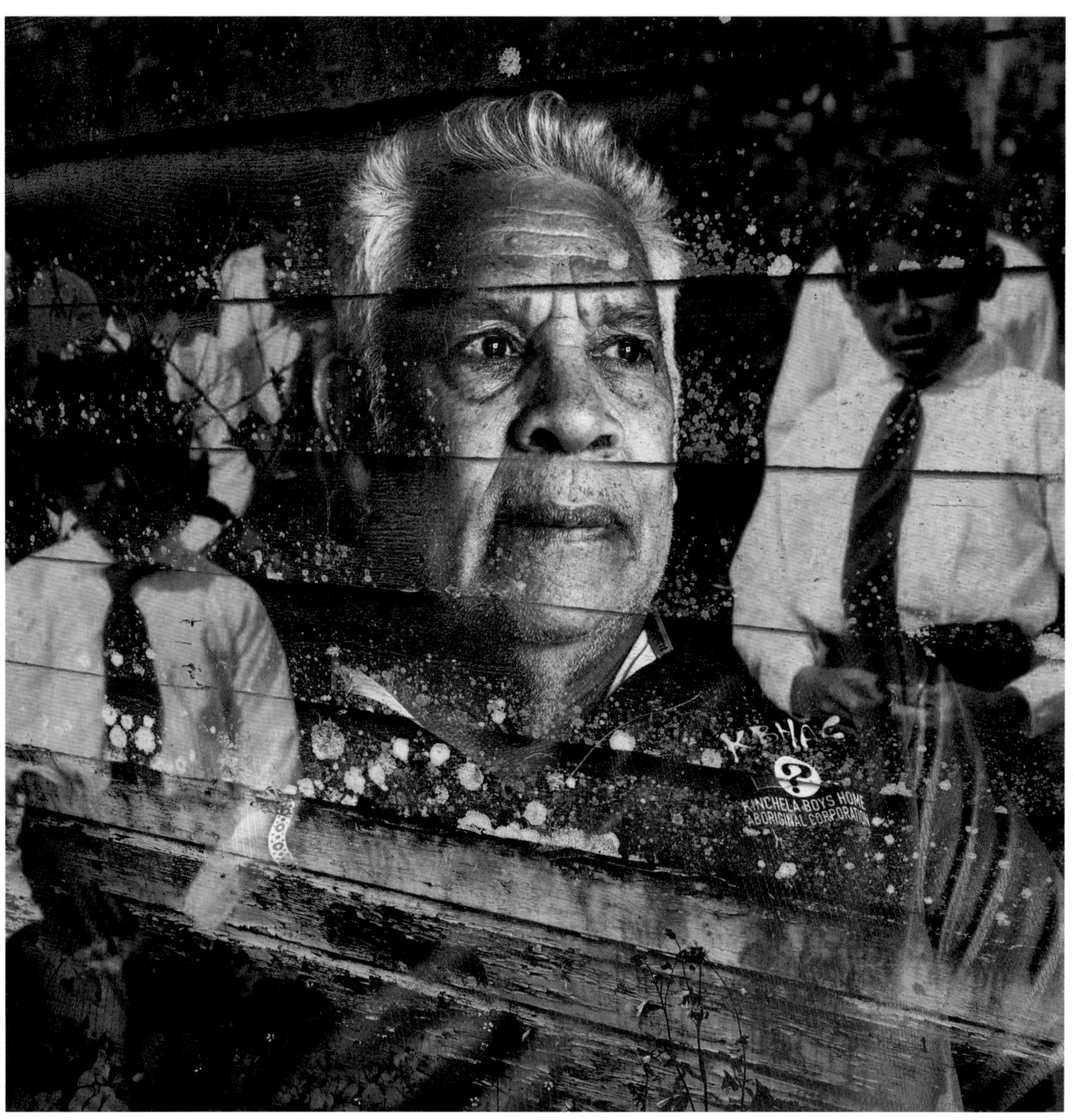

"I'm a proud Gamilaroi man from up Quirindi. That's where I was kidnapped at the age of five. In 1954, my four siblings, we all got kidnapped." Uncle Bobby "Bullfrog" Young, #24.
« Je suis un fier Gamilaroi du nord de Quirindi. C'est là que j'ai été kidnappé à l'âge de cinq ans. En 1954, mes quatre frères et sœurs ont tous été kidnappés ». Oncle Bobby « Bullfrog » Young, n° 24.

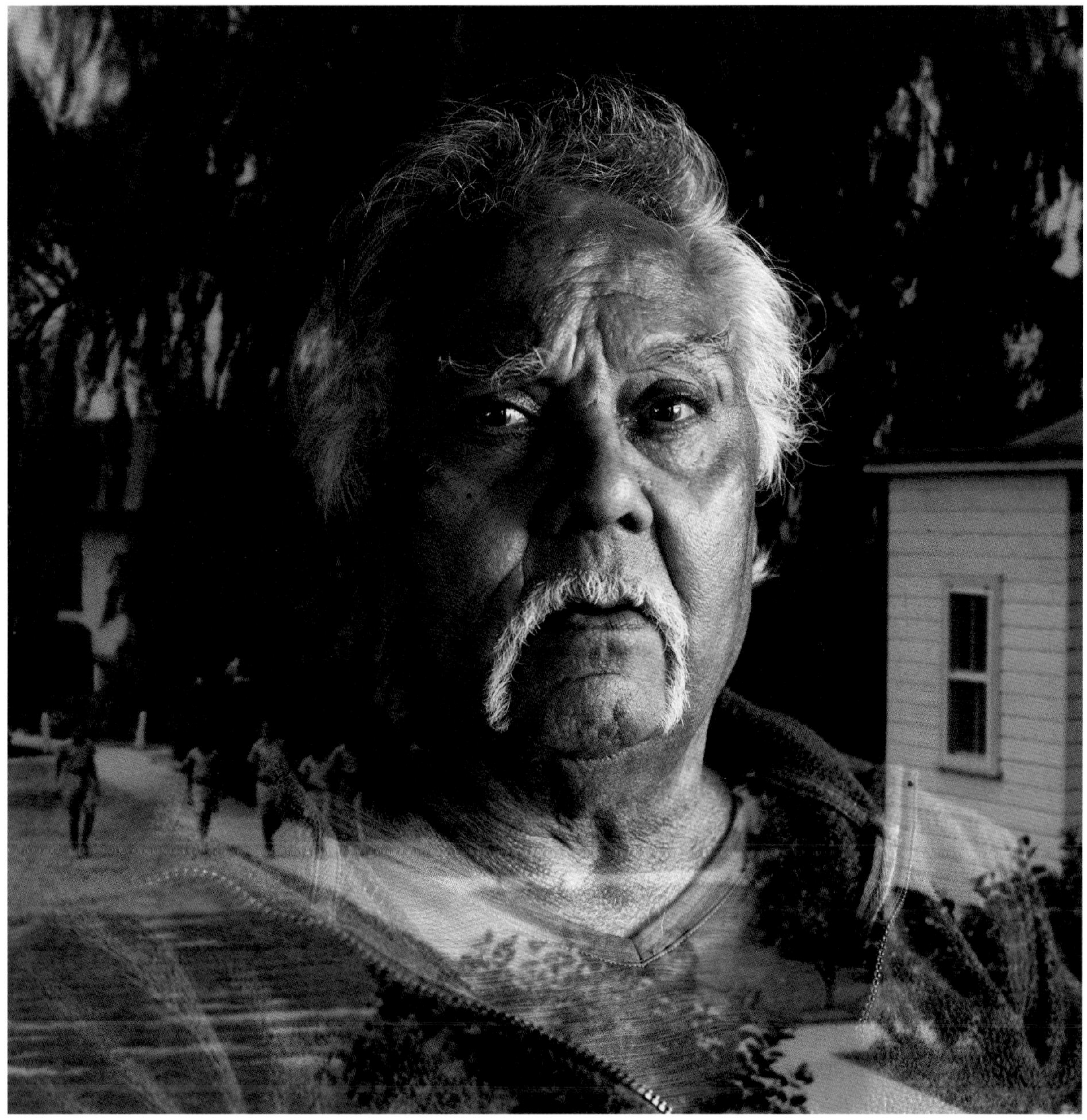

"I didn't learn anything about Aboriginality. We were taught to be white in there, you know what I mean? I lost my culture, my identity... I knew nothing when I got out of Kinchela. When I went to Mum's in Armidale, I cried to go back to Kinchela because that's all I knew." Uncle Harry Ritchie, #56.

« Je n'y ai rien appris sur l'aboriginalité. On nous apprenait à être des Blancs, vous comprenez ? J'ai perdu ma culture, mon identité... Quand je suis sorti du foyer, je ne connaissais rien : à mon retour chez ma mère à Armidale, j'ai pleuré pour retourner à Kinchela parce que c'est tout ce que je connaissais. » Oncle Harry Ritchie, n° 56.

Next page / *Page suivante*
"They took our name away and gave us a number. The animals we had in the boys' home, they had names. And if we didn't call them by their names, we got punished... They had priority over us. The animals. We were animals. We didn't have a name." Uncle Bobby "Bullfrog" Young, #24.

« Nous avons perdu nos noms et on nous a donné des numéros à la place. Même les animaux du foyer avaient des noms, et nous étions punis si nous ne les appelions pas par leurs noms. Ils étaient prioritaires sur nous. Nous, nous étions des animaux. Nous n'avions pas de nom. » Oncle Bobby « Bullfrog » Young, n° 24.

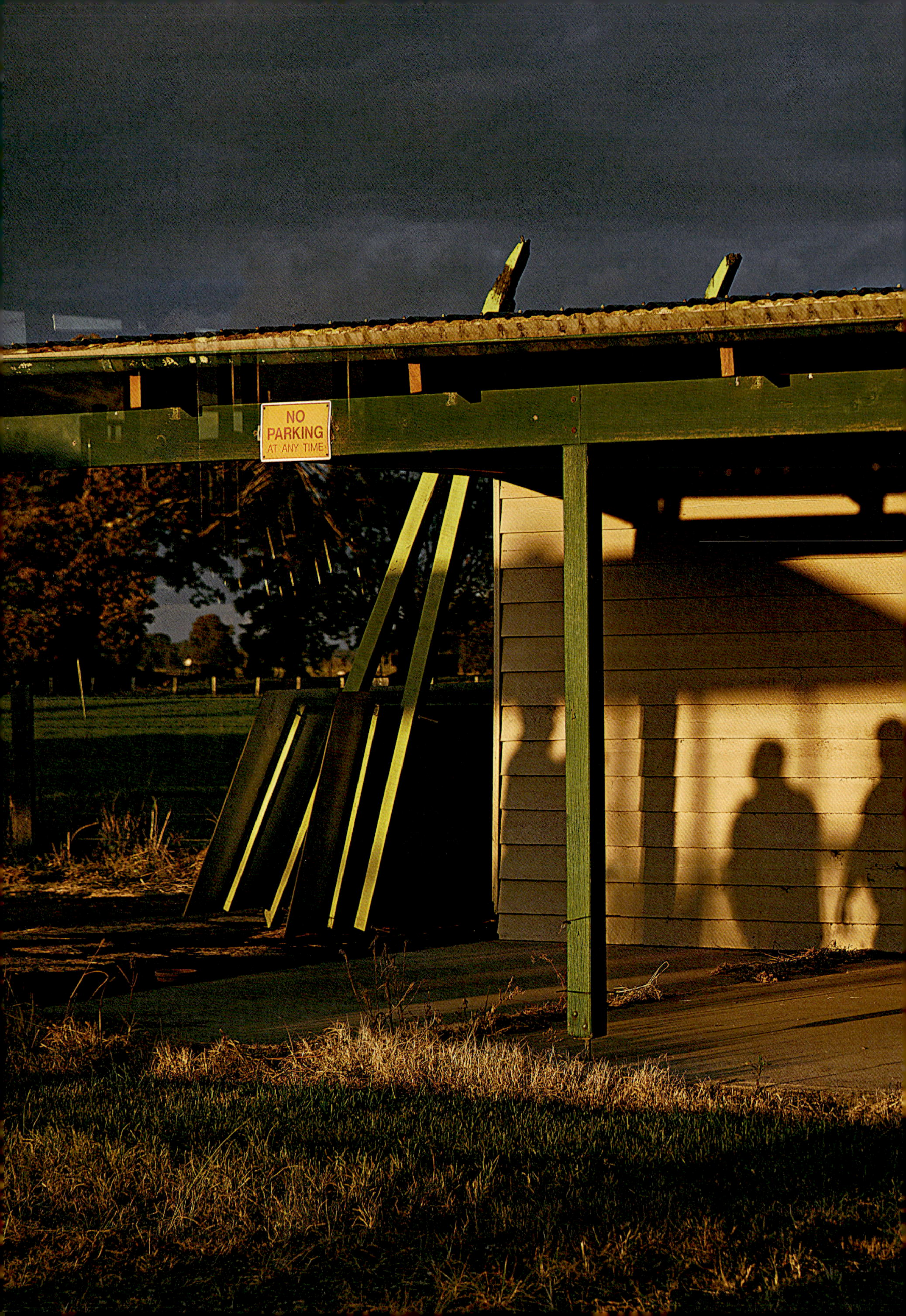
NO
PARKING
AT ANY TIME

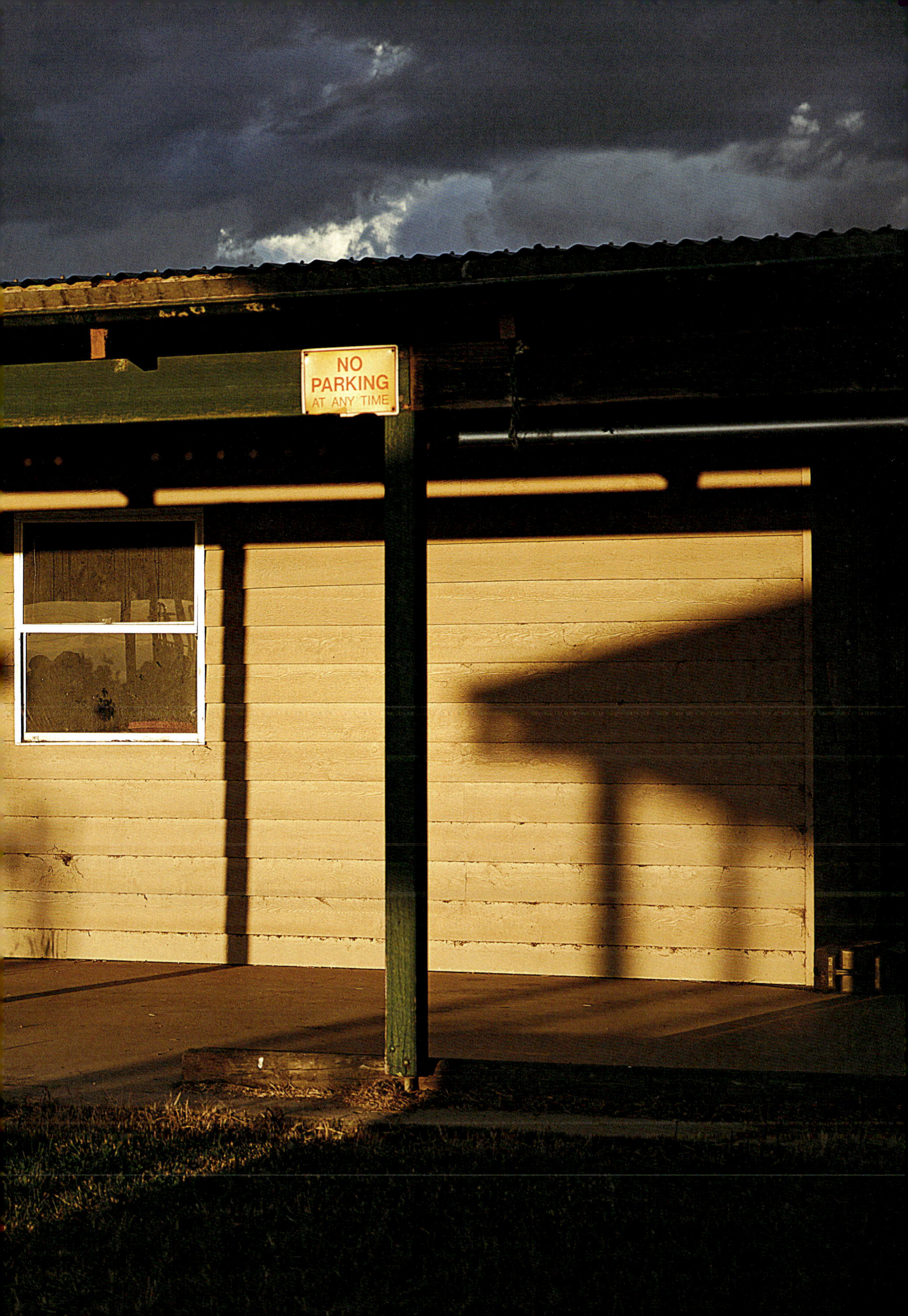

NO
PARKING
AT ANY TIME

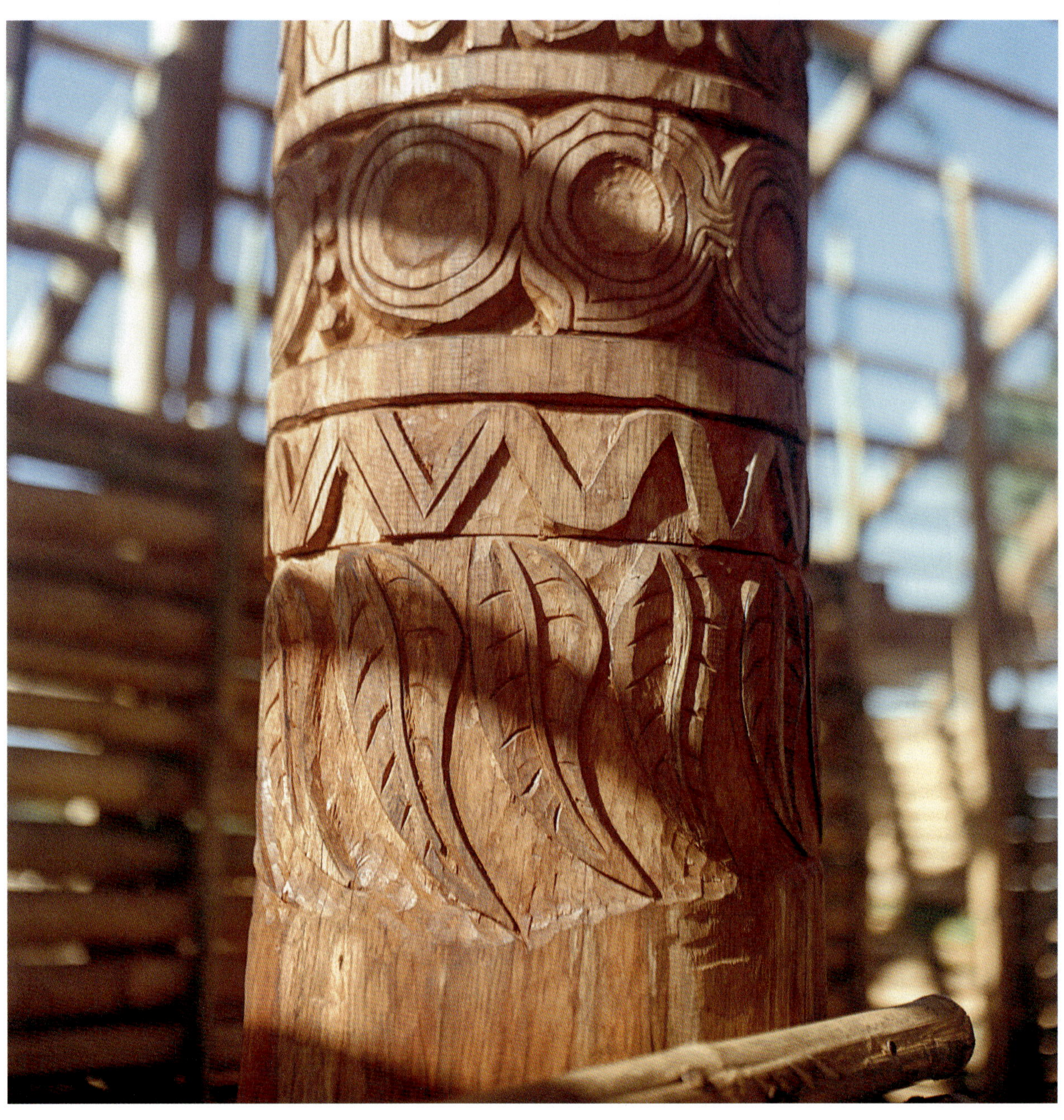

Symbols of waves and leaves depicting the flow of life are carved in the central wood pillar of the house.
Each traditional Sumbanese house has four wooden pillars and different layers of meaning.
Symboles de vagues et de feuilles gravées dans le pilier de bois central de la maison, représentant le cycle de la vie.
Chaque maison traditionnelle sumbanaise, avec ses quatre piliers de bois, est riche de différentes significations.

SUMBA

Indonesia

With their towering roofs, traditional Sumbanese homes represent a distinct architectural style rooted in religious symbolism. However, these wooden buildings are extremely vulnerable to fire, and more education is needed on how best to safeguard villages from this major threat.

Avec leurs toits élancés, les maisons traditionnelles sumbanaises témoignent d'un style architectural unique inspiré par le symbolisme religieux. Ces bâtiments en bois sont extrêmement vulnérables aux risques d'incendie, et il est indispensable de mieux éduquer les villageois sur les manières de les protéger contre cette grave menace.

FRANSISCA ANGELA

is an Indonesian multidisciplinary artist. Her approach involves communities to create personal narratives around place, memory, and social issues.
est une artiste pluridisciplinaire indonésienne. Elle travaille en lien direct avec les populations locales pour créer des récits intimes à propos des lieux, des mémoires et des questions sociales.

LA UMA / OUR HOME

Life was never the same in Wainyapu after a 2022 fire destroyed 30 historic houses. A daughter still wanders the ruins of her home months later, mourning amid the broken plates scattered in the ashes. A mother looks at the horizon, saying a prayer to her dead son, whose name she must hear every day. *La Uma / Our Home* is an intimate reflection on loss and life navigating the in-between.
À Wainyapu, la vie n'a plus jamais été la même après qu'un incendie a détruit 30 habitations traditionnelles en 2022. Une jeune fille erre encore, des mois plus tard, dans les ruines de sa maison, pleurant au milieu des assiettes brisées éparpillées dans les cendres. Une mère regarde l'horizon en adressant une prière à son fils décédé, dont elle doit entendre le nom tous les jours. « La Uma / Notre Maison » est une réflexion intime au sujet de la perte, la vie et l'entre-deux.

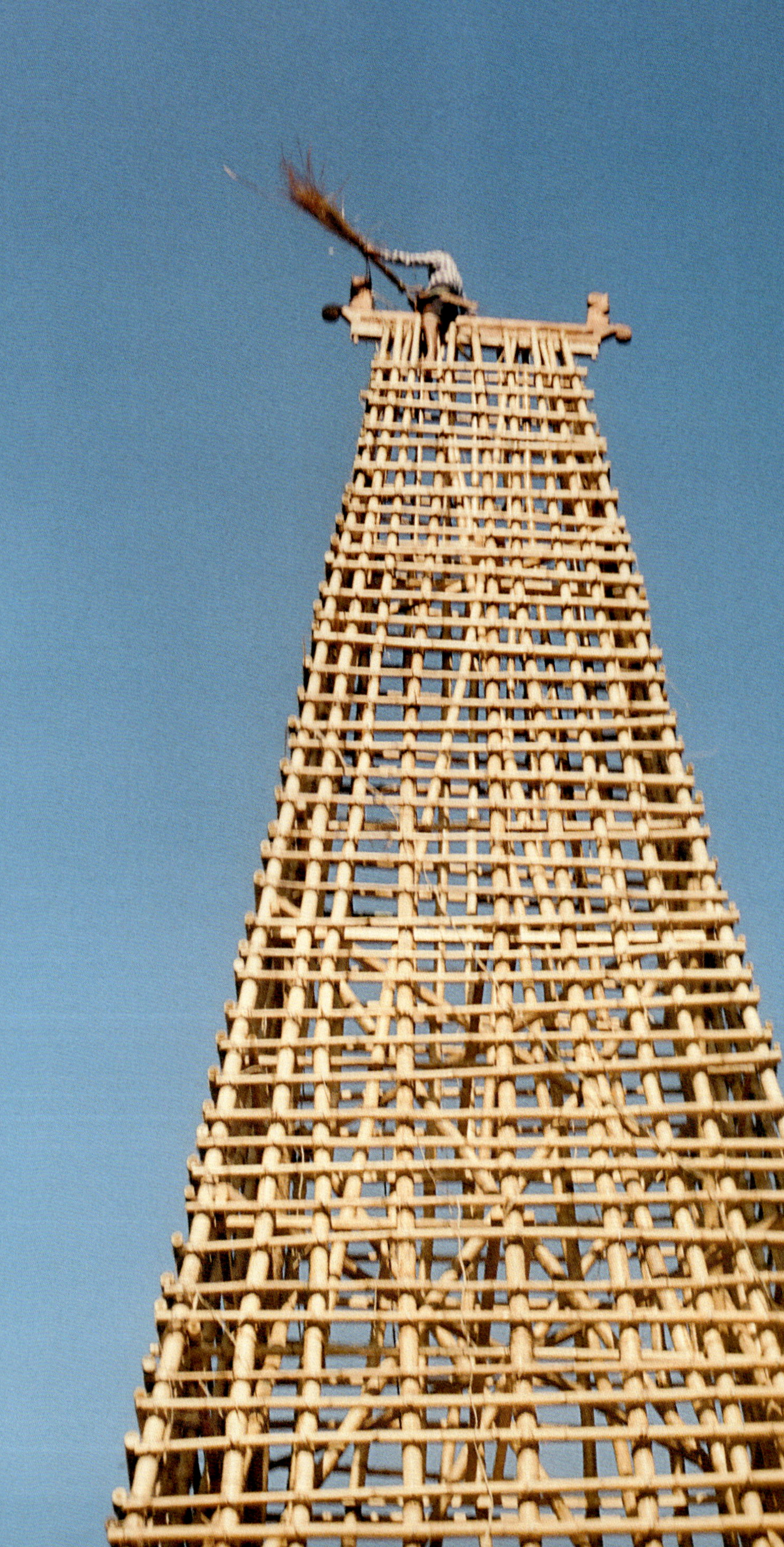

Kepala Adat adds the first reed as a ritual to mark the process of installing the roof
of the main house in Maliti Village.
*Kepala Adat installant le premier roseau, un rituel pour marquer le début de la pose du toit
sur la maison principale du village de Maliti.*

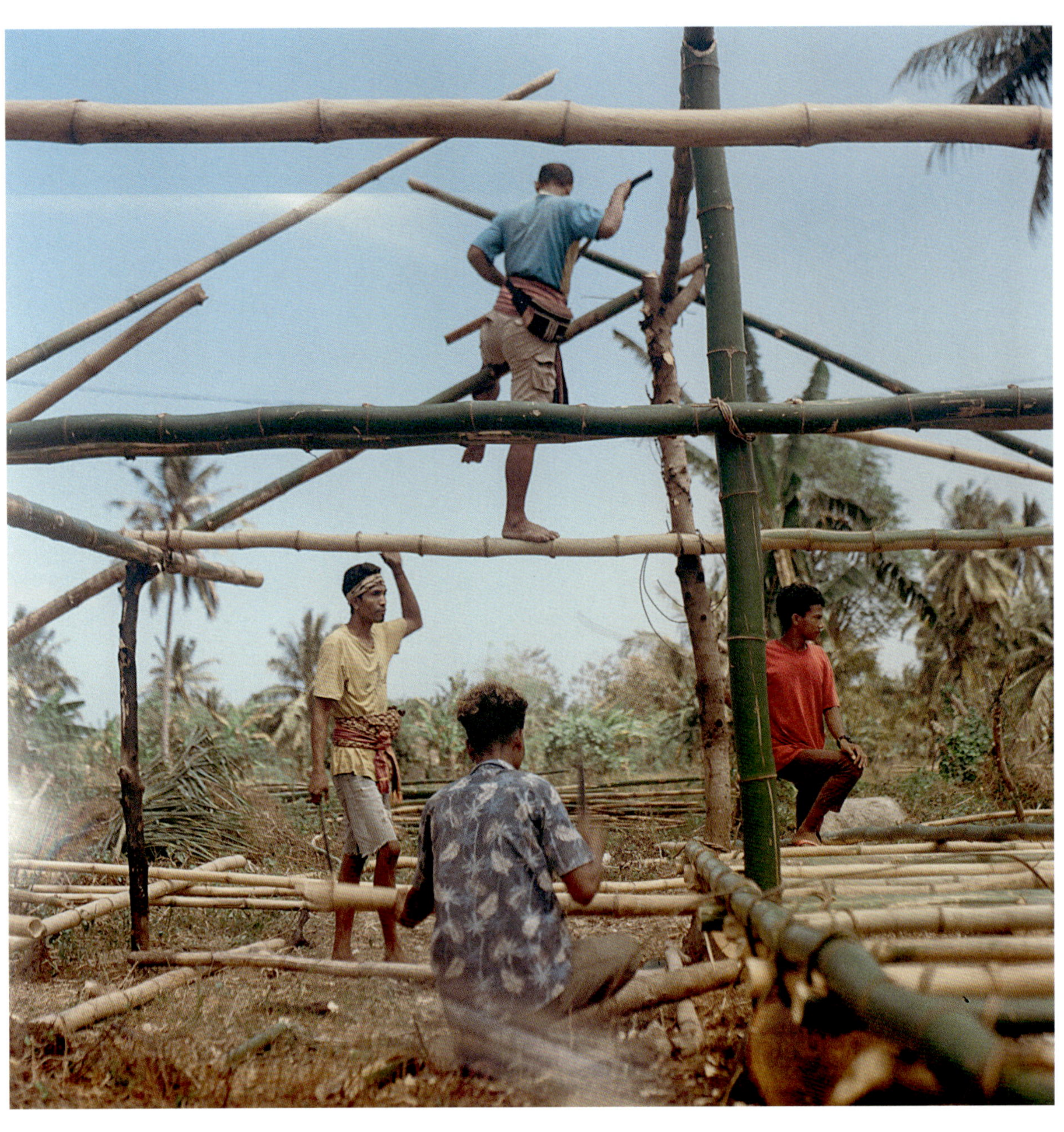

Village residents work together to build temporary houses in Maliti Village.
Habitants du village de Maliti, travaillant ensemble à la construction de maisons temporaires.

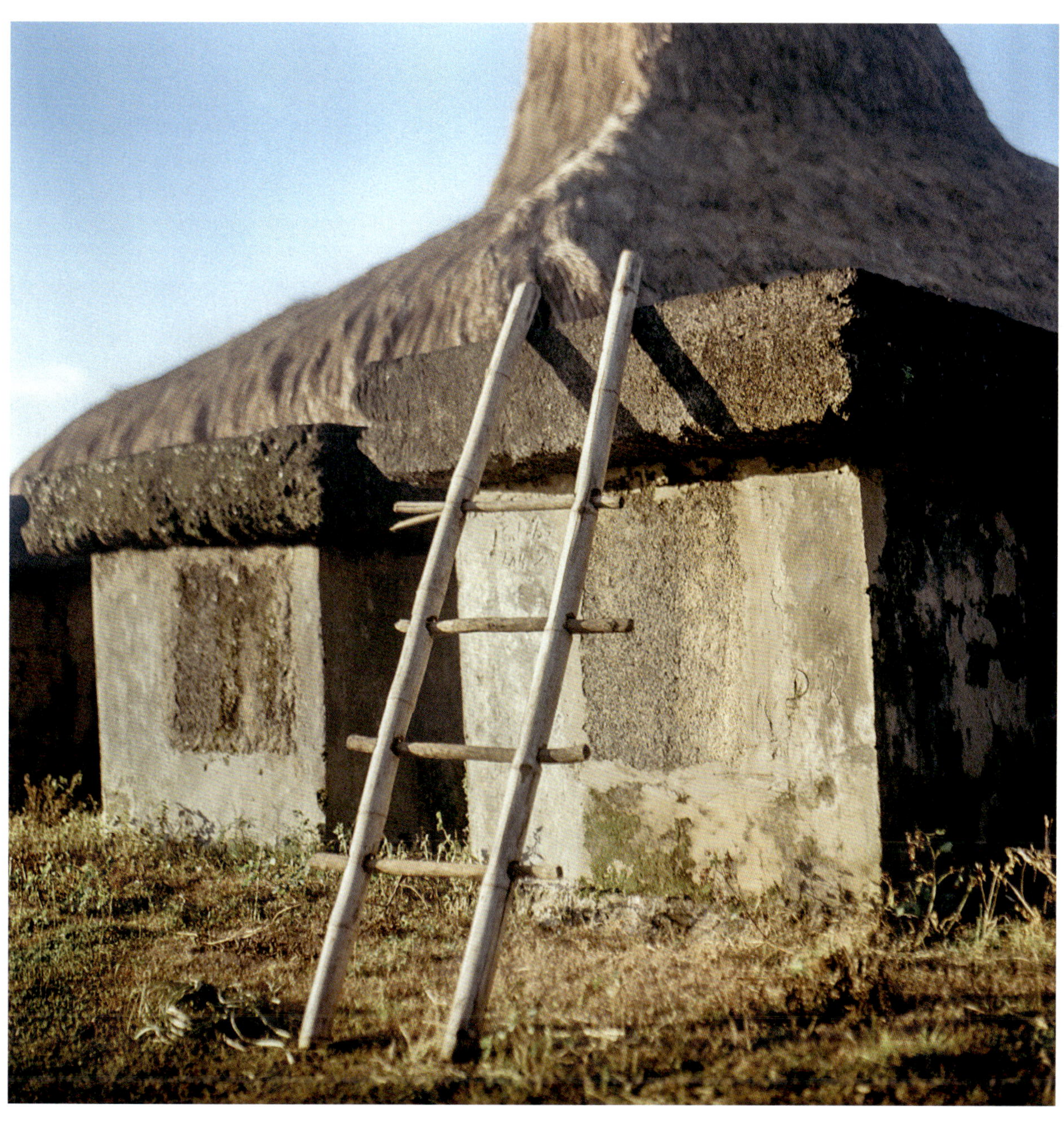

Nauta means a stairway, a way out for a soul who dies. In Kampung Tarung, where the Marapu belief system is still firmly rooted, people would leave the *nauta* out for a month as part of their mourning rituals.
Nauta *: escalier, chemin pour une âme qui meurt. À Kampung Tarung, où la religion Marapu est encore fermement ancrée, les gens laissent la* nauta *dehors pendant un mois, le temps de leur deuil.*

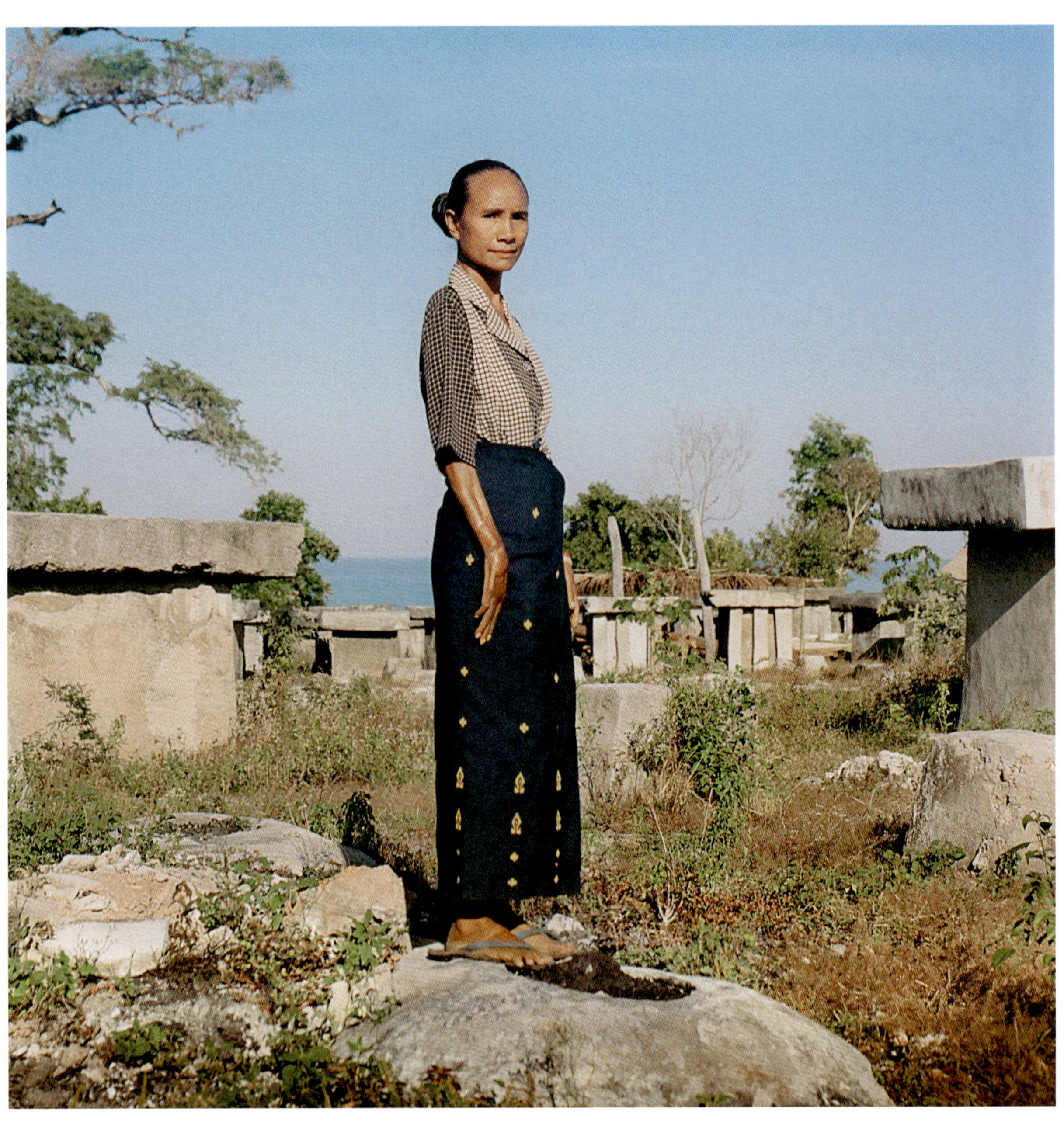

Portrait of Mama Peter near the shore of Wainyapu Village; she wears traditional Sumbanese textiles.
Portrait de Mama Peter, portant l'habit traditionnel sumbanais à l'entrée du village de Wainyapu.

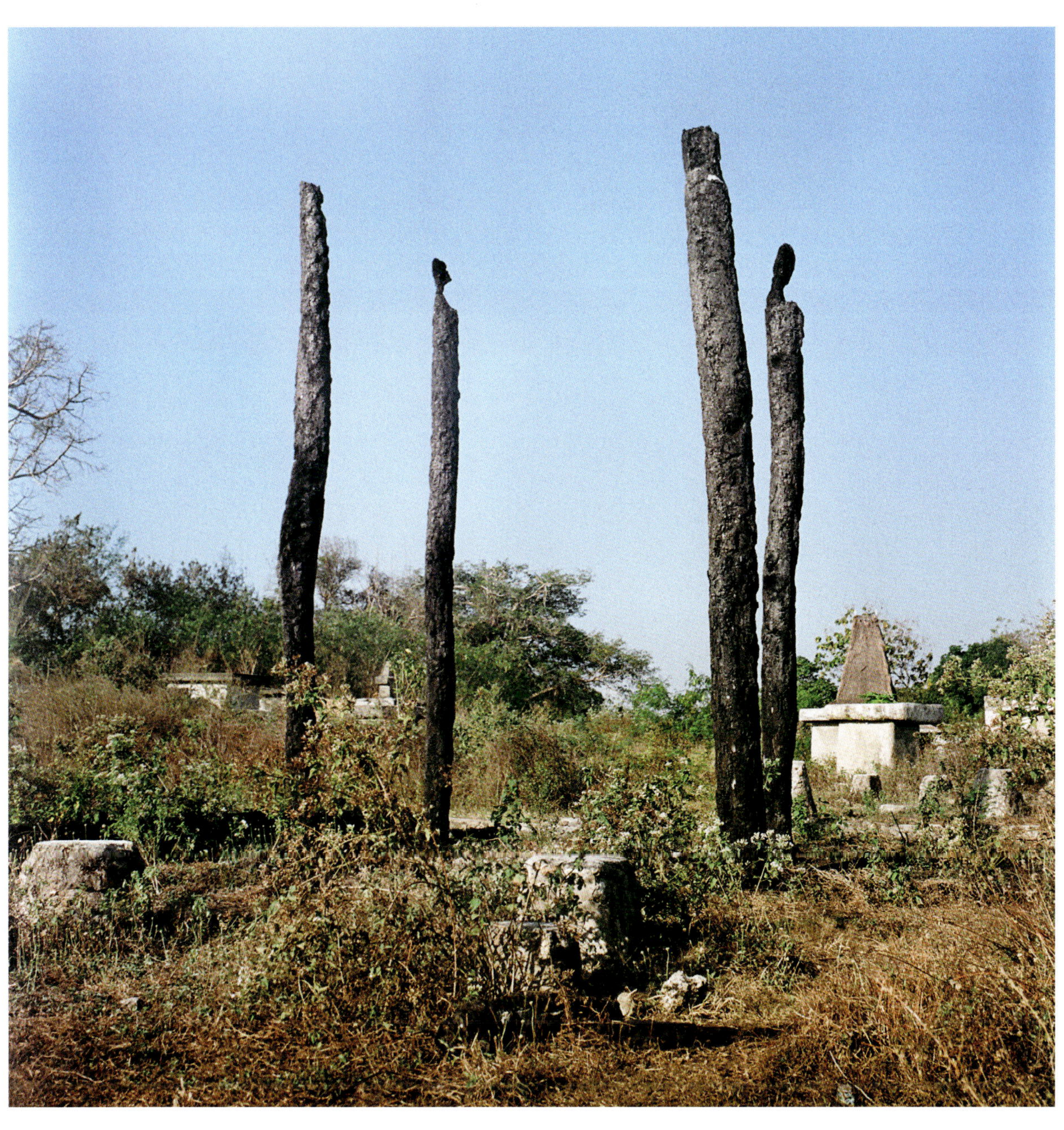

Four wooden pillars from a burned house stand firm in the village.
Quatre piliers en bois, dernières traces d'une maison incendiée.

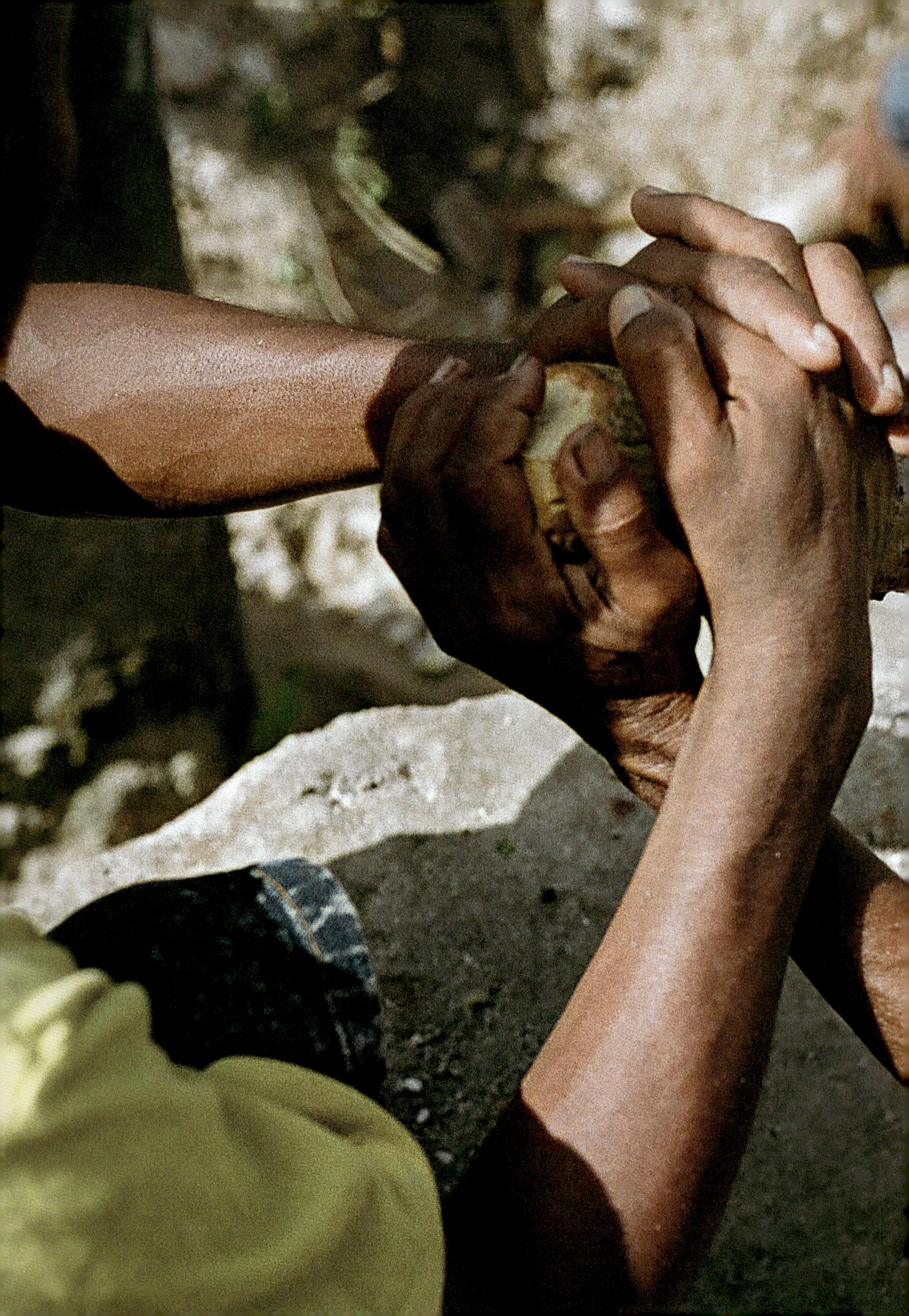

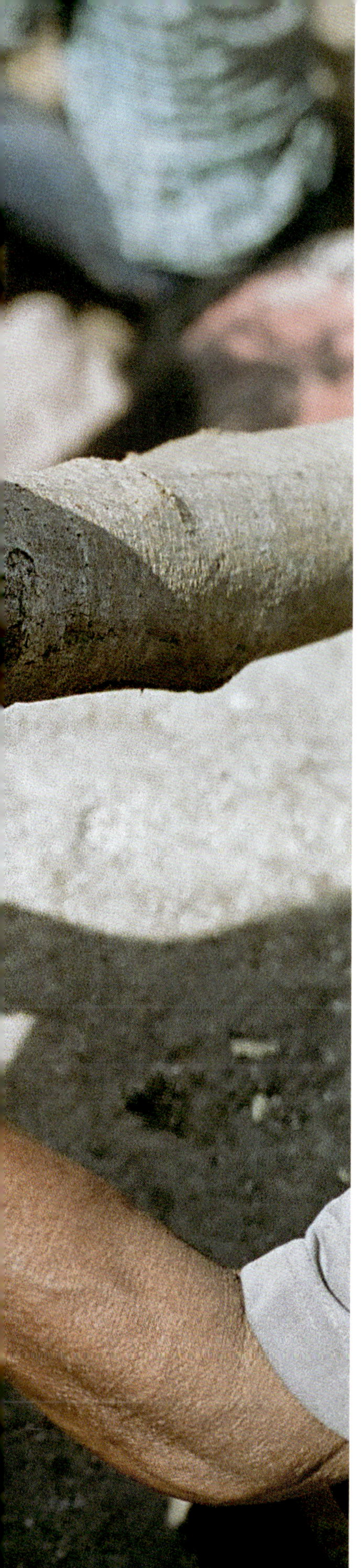

Hand gestures of the many village residents who work together during the Kubur Batu ceremony, where they lift a stone to build a new grave. They do this voluntarily and will usually be fed by the family of the deceased.
Mains des habitants du village qui travaillent ensemble lors de la cérémonie du Kubur Batu, au cours de laquelle ils soulèvent une pierre pour ériger une nouvelle tombe. Ils le font volontairement et sont, traditionnellement, nourris par la famille du défunt.

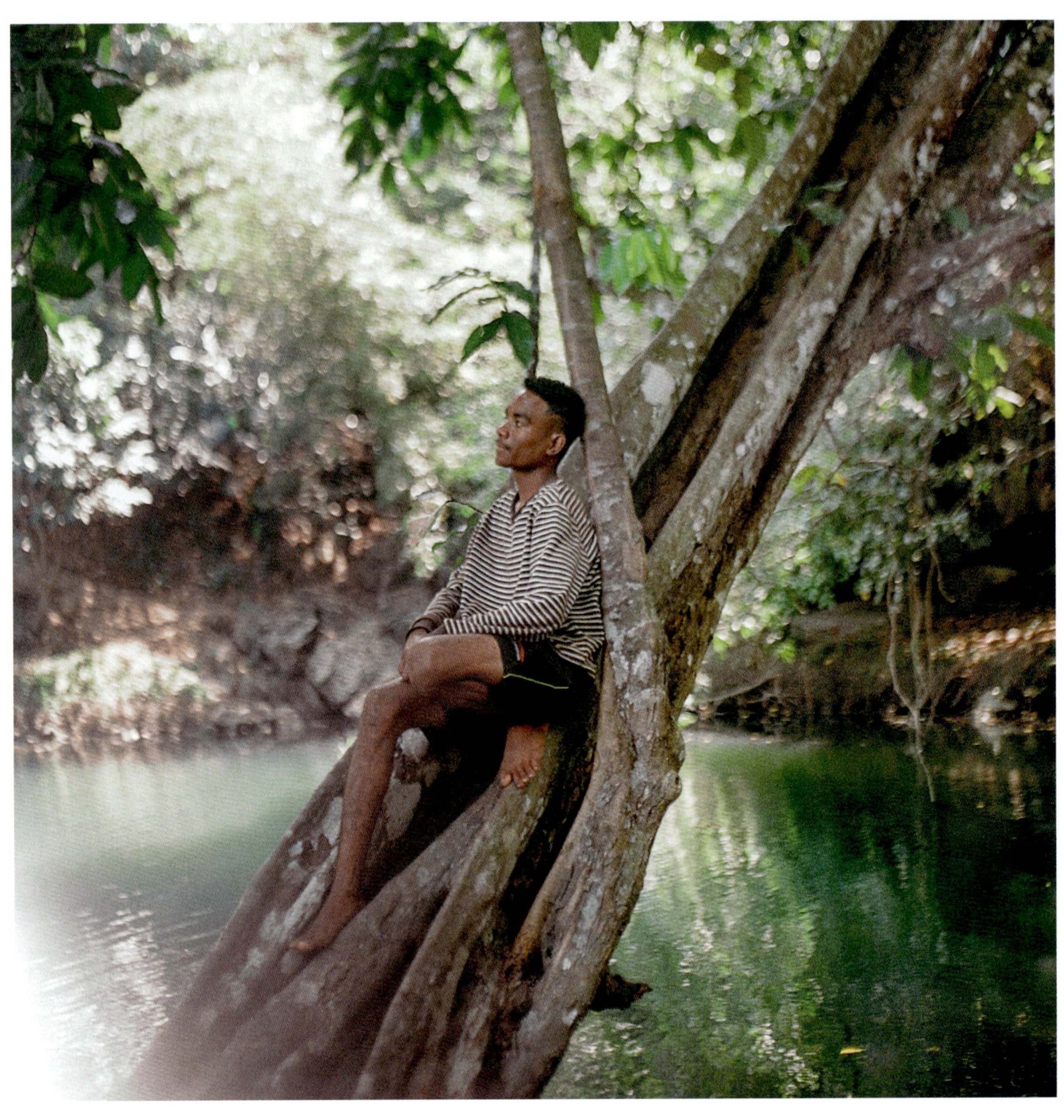

Deki takes a moment of silence beside a river, where he usually fetches water for his family.
Deki se recueille sur la rive où il a pour coutume d'aller chercher l'eau pour sa famille.

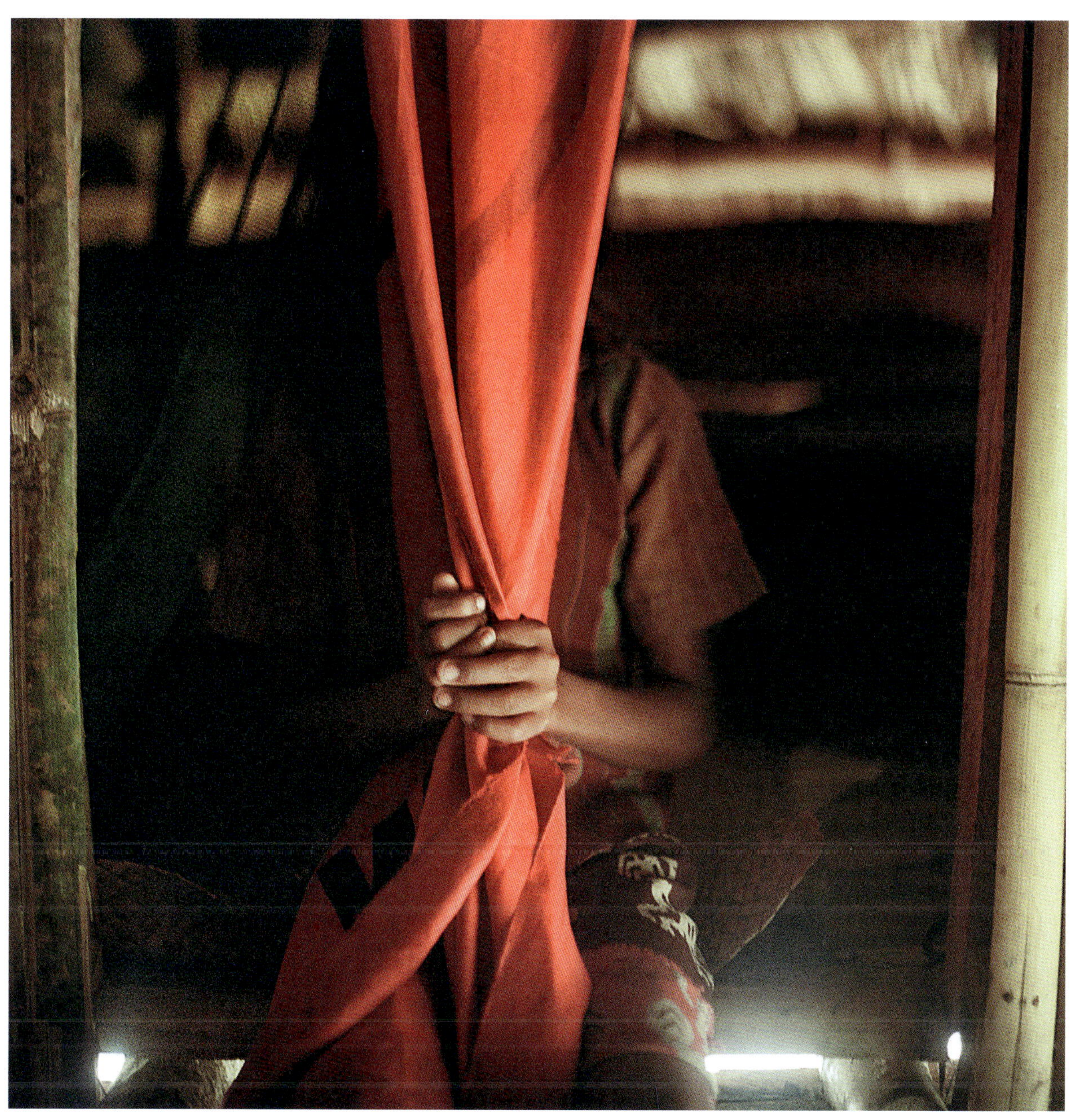

Nesti hides behind a red curtain in her temporary house; she lives with 15 relatives in her *uma*.
She still remembers the night of the fire.
Nesti derrière un rideau rouge, dans une maison temporaire ; elle vit avec quinze autres membres
de sa famille dans son «uma», son foyer. Elle se souvient encore de la nuit de l'incendie.

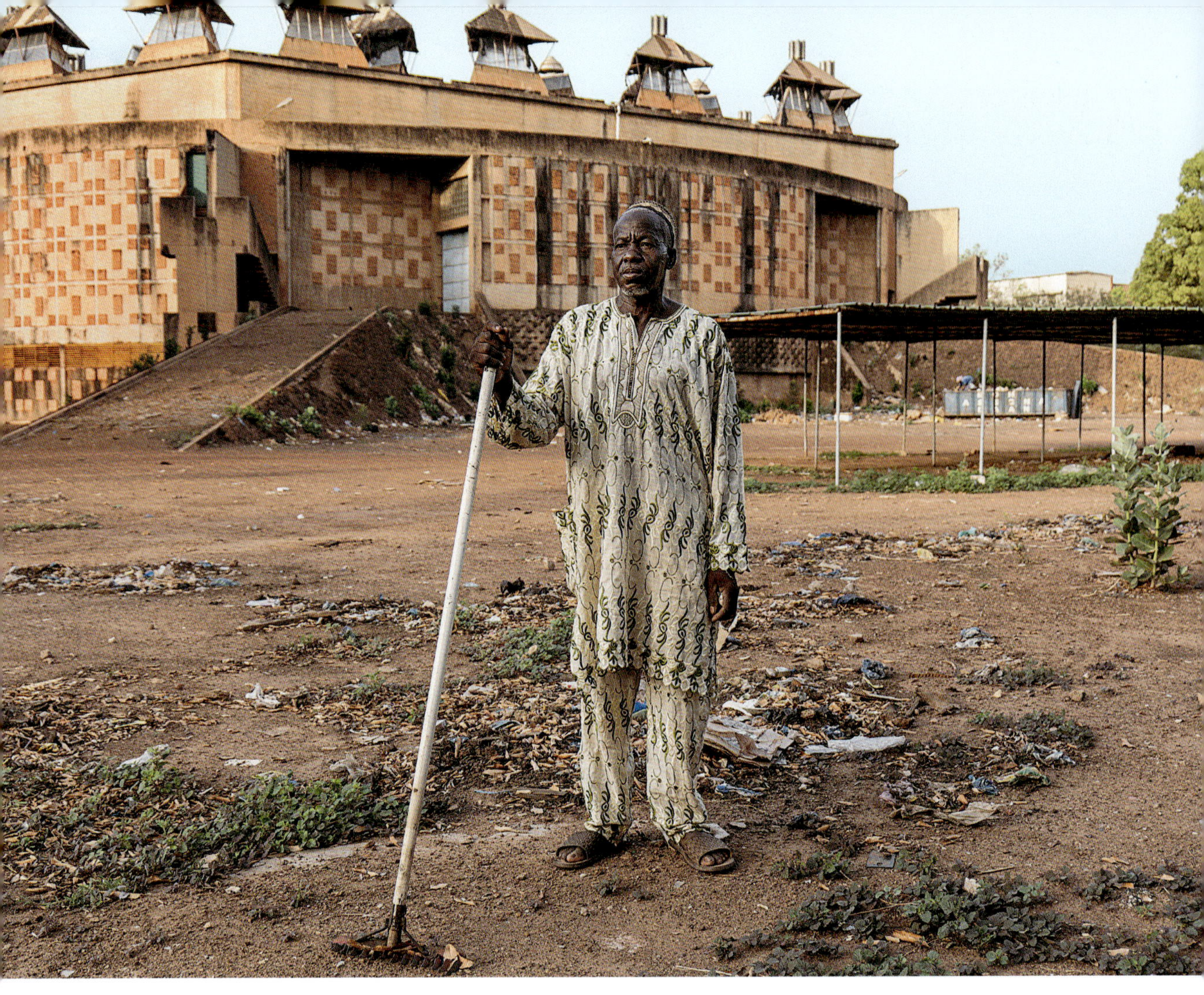

Maintenance worker who has been working at the site for around 40 years.
Agent d'entretien du site depuis environ quarante ans.

Next page / *Page suivante*
VIP box.
Loge « V.I.P. ».

LA MAISON DU PEUPLE
Burkina Faso

With its inventive blend of brutalism and Indigenous architecture, la Maison du Peuple is a symbol of post-independence pride. But critical repairs are badly needed, and as the older generation passes, so does the knowledge of this building's notable history.

Mêlant avec originalité brutalisme et architecture traditionnelle, la Maison du peuple a été construite après l'indépendance et symbolise cette fierté. Des restaurations essentielles sont aujourd'hui nécessaires, et son histoire est de moins en moins connue avec le passage des générations.

ADRIEN BITIBALY

is a documentary photographer from Burkina Faso. In 2021, he organized the first edition of the Photosa Festival in Ouagadougou to make photography more accessible in the country.
est un photographe documentaire originaire du Burkina Faso. En 2021, il a organisé la première édition du Photosa Festival à Ouagadougou, afin de rendre la photographie plus accessible dans le pays.

ENDURING ATTACHMENTS

La Maison du Peuple has been a landmark in the Ouagadougou cityscape since 1965. Changing in function with Burkina Faso's political upheavals, the monument continues to be a meeting spot for locals. These photos convey the vibrant activity of merchants, artists, and workers—those who earn their living from and give life to the place. They fervently hope for the building's renovation; despite its deterioration, they continue to plan for its future.
La Maison du peuple est l'un des monuments les plus importants de la ville de Ouagadougou depuis 1965. Modifié au gré des crises politiques du Burkina Faso, c'est toujours resté un lieu de rencontre pour les locaux. Ces photographies transmettent l'animation émanant des marchands, des artistes et des employés qui gagnent leur vie grâce à ce lieu, tout en lui donnant vie. Tous espèrent profondément que le bâtiment sera restauré et continuent à croire en son avenir, malgré son état dégradé.

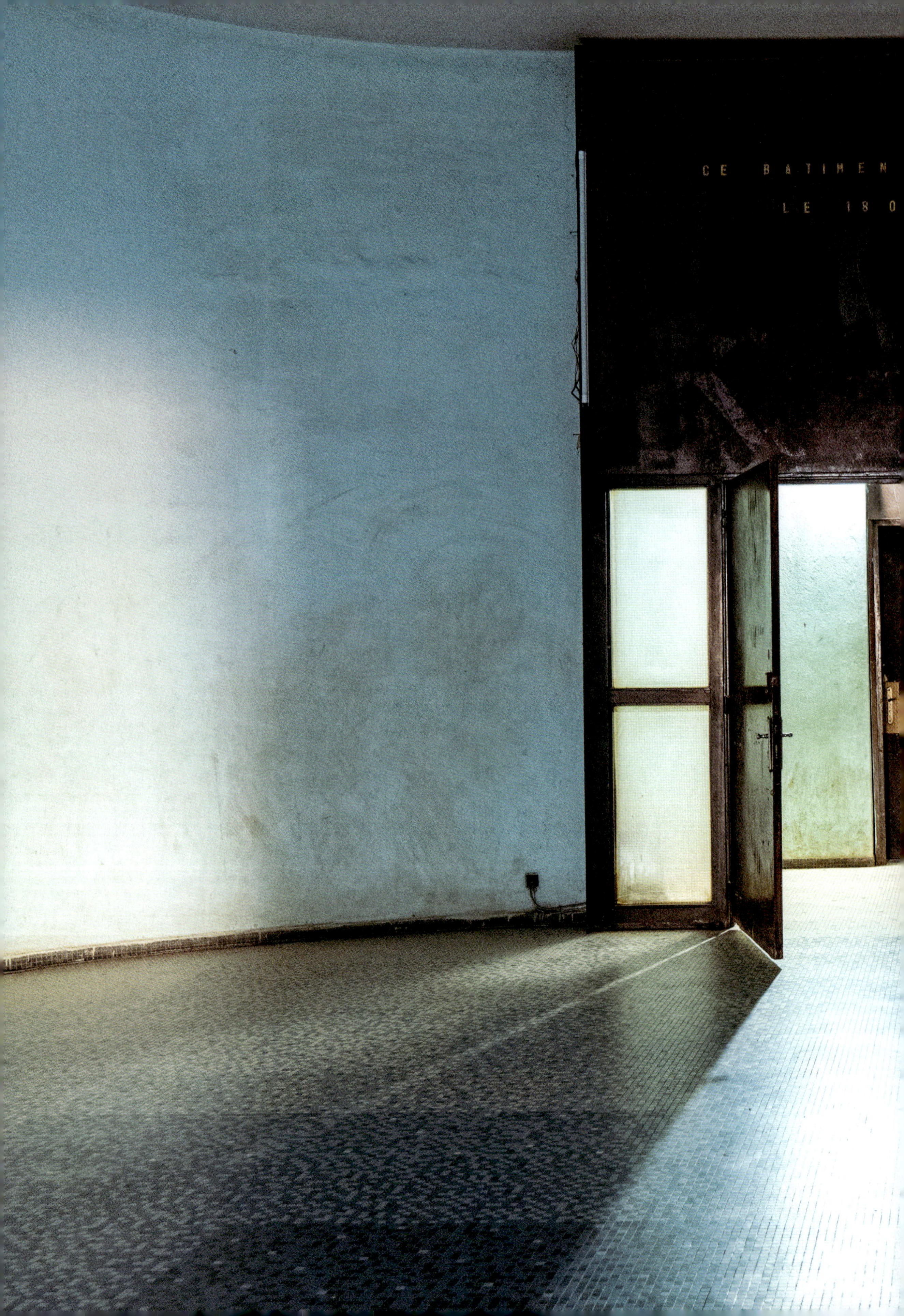
CE BATIMEN
LE 18 0

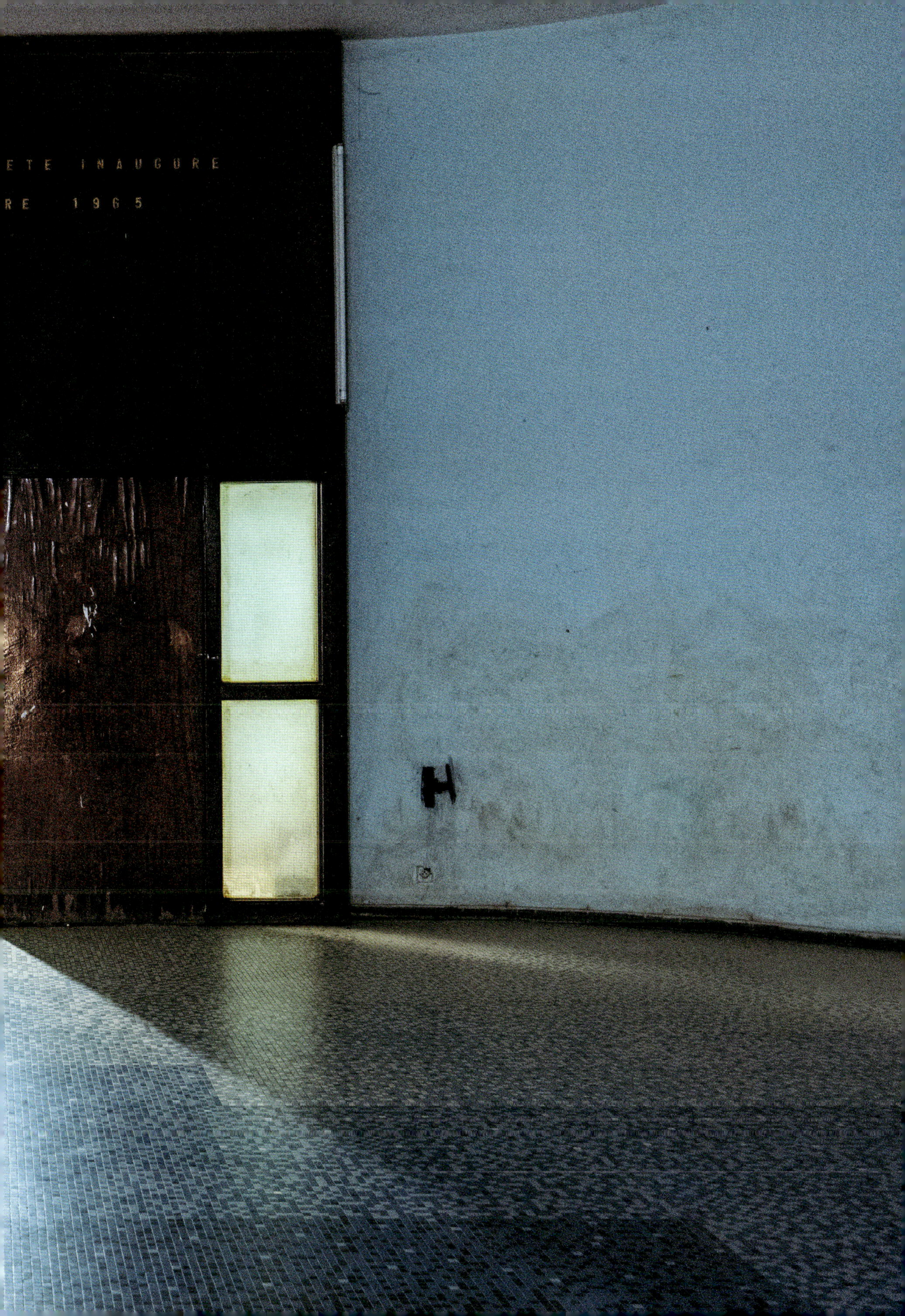
ETE INAUGURE
RE 1965

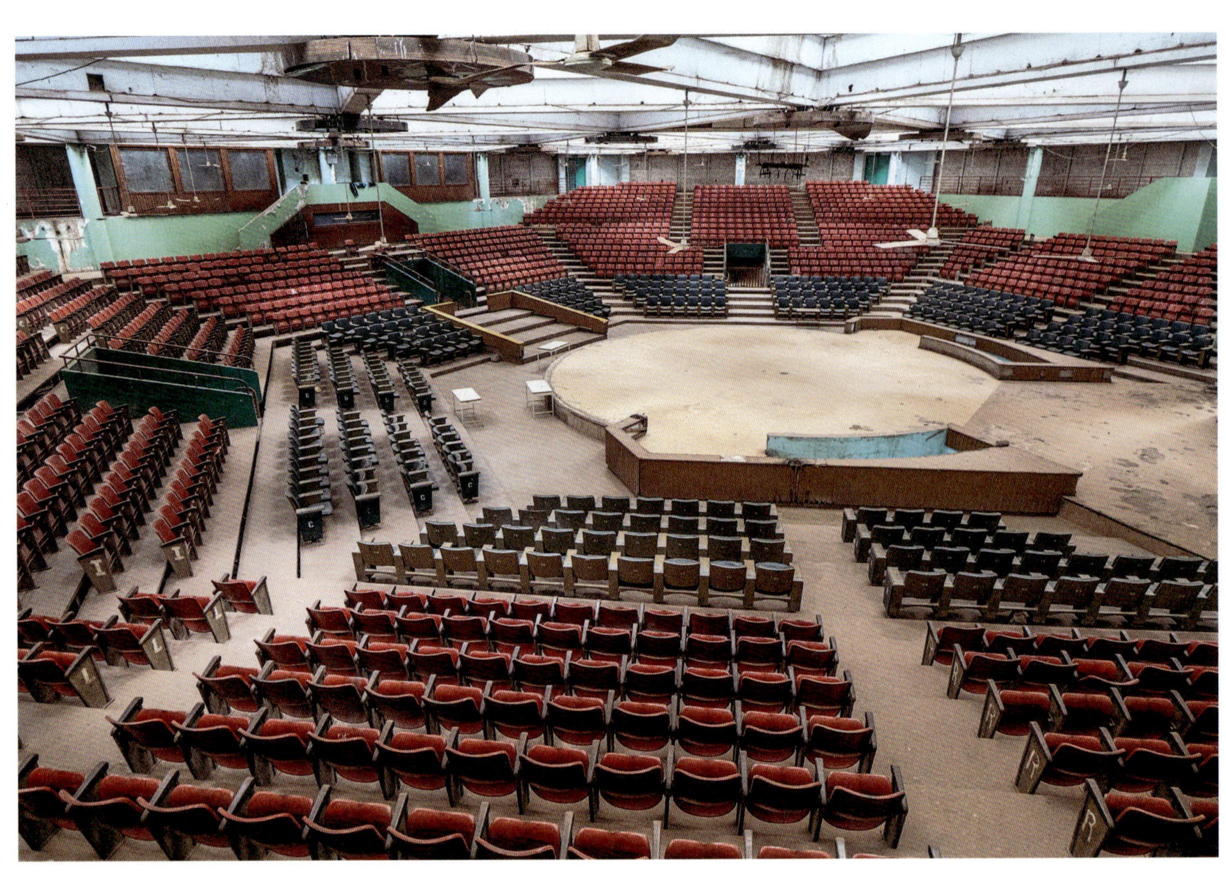

Auditorium inside la Maison du Peuple.
Intérieur de la salle de spectacle de la Maison du peuple.

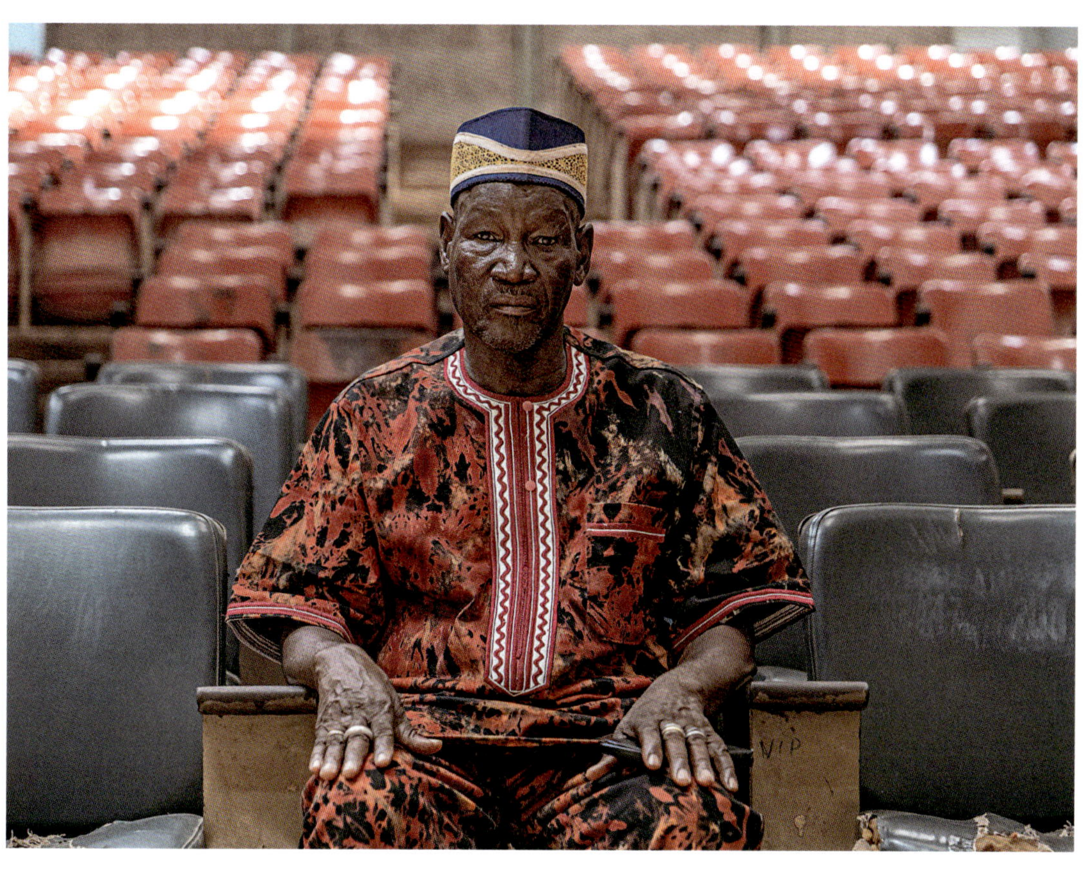

Musician who began his career at la Maison du Peuple at the age of ten.
Artiste musicien ayant débuté sa carrière à la Maison du peuple à l'âge de dix ans.

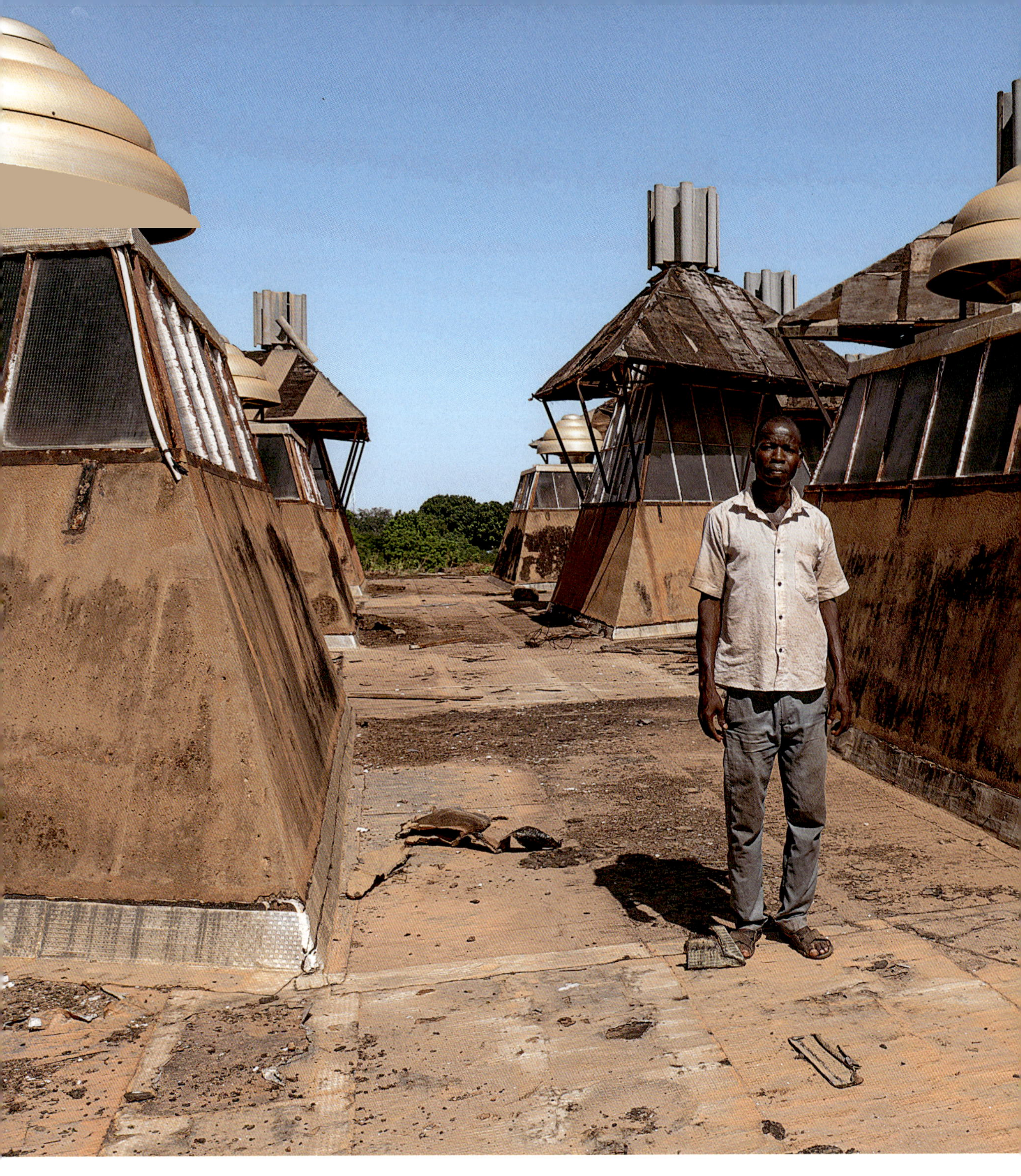

Roof maintenance worker.
Agent d'entretien du toit.

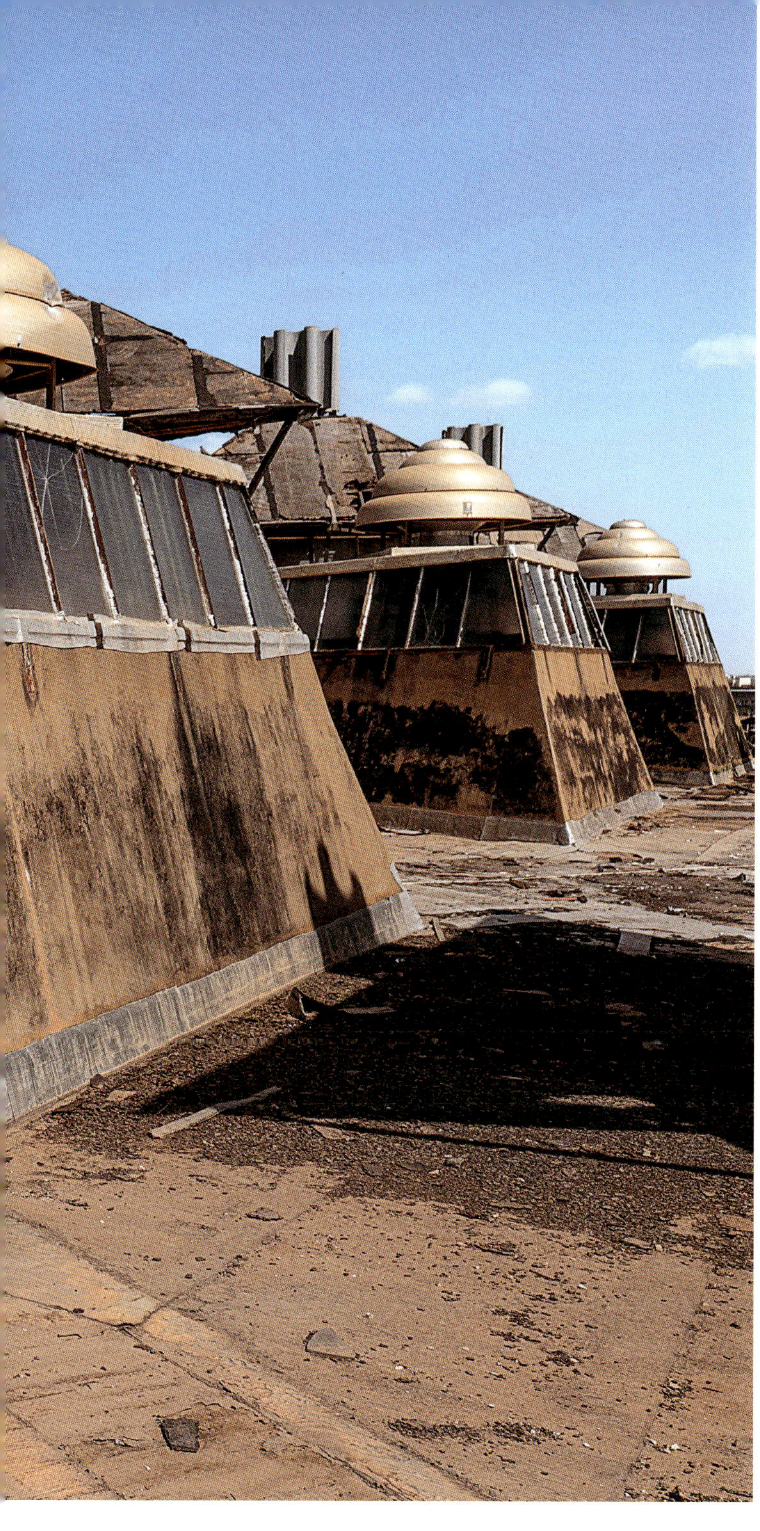

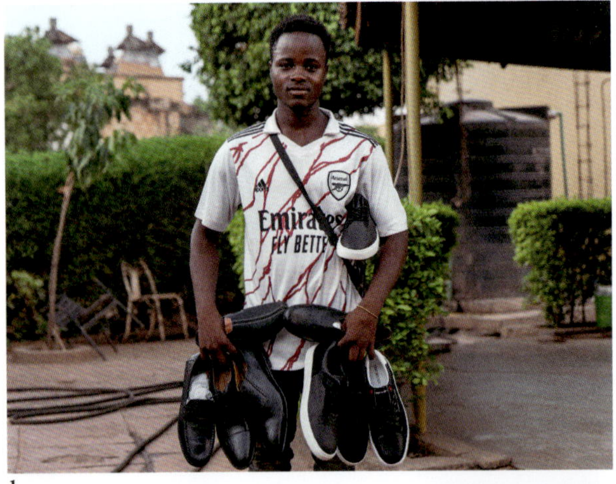

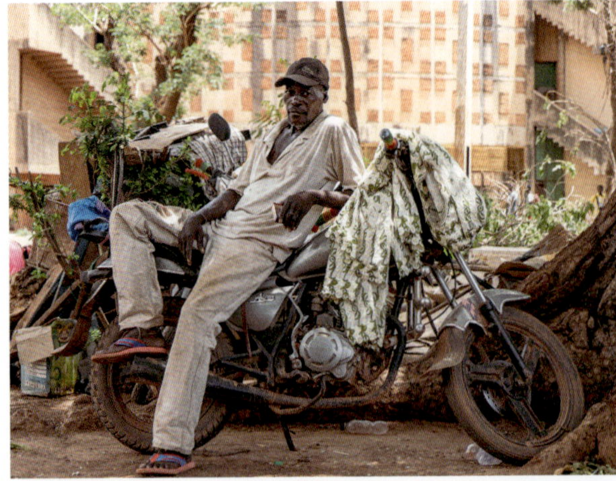

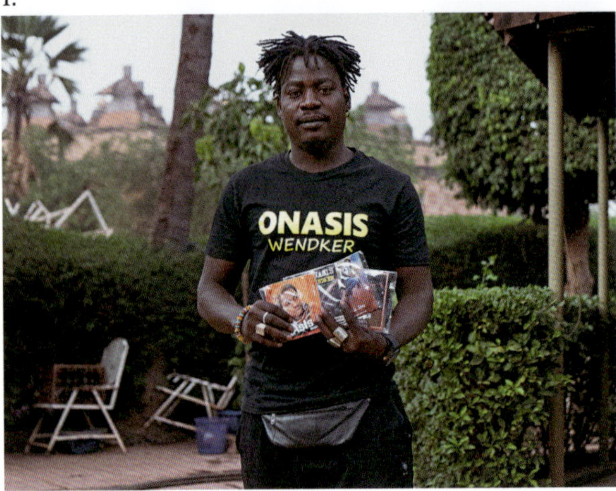

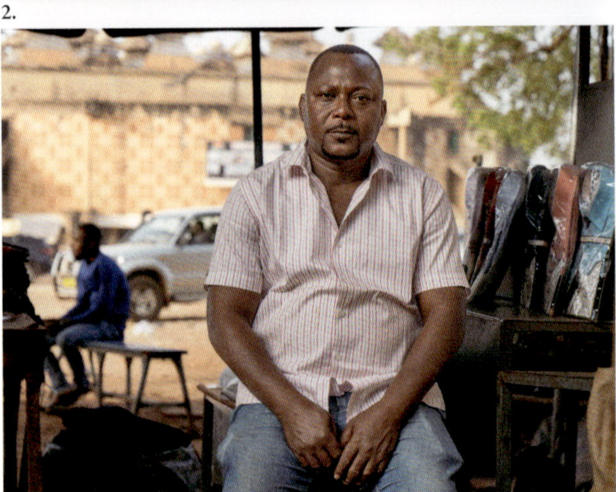

1.
Shoe seller at la Maison du Peuple.
Vendeur de chaussures à la Maison du peuple.

2.
Relaxing after cleaning up the courtyard.
Détente après le nettoyage de la cour.

3.
Musician selling his CDs at la Maison du Peuple.
Artiste musicien vendant ses disques à la Maison du peuple.

4.
President of the merchants' association in the courtyard of la Maison du Peuple.
Président de l'Association des commerçantes et commerçants, dans la cour de la Maison du peuple.

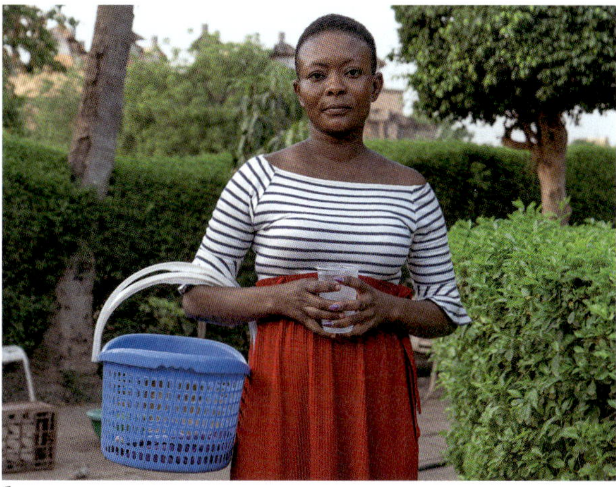 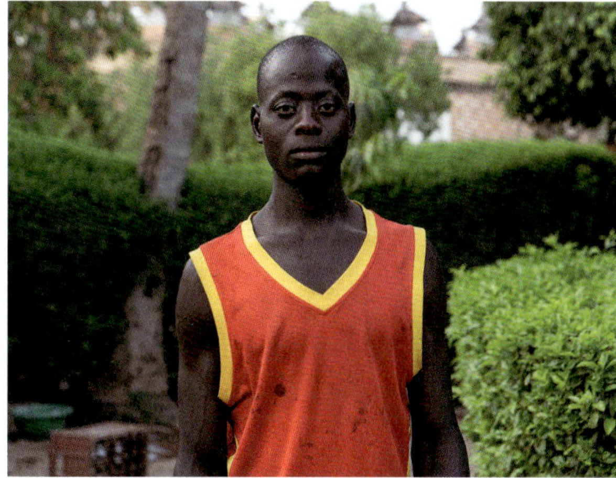

5. 6.

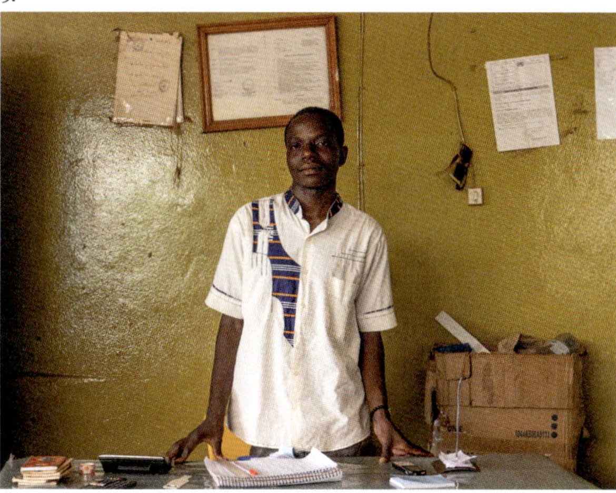 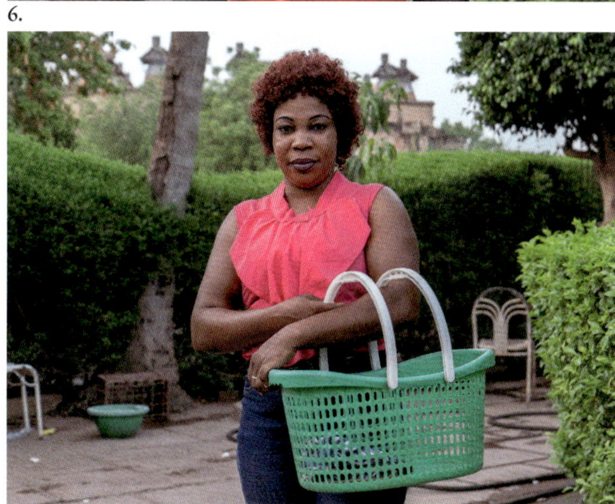

7. 8.

5.
Waitress from the Wend Dabo ("God's will") bar in the courtyard of la Maison du Peuple.
Serveuse du bar Wend Dabo (« la volonté de Dieu ») dans la cour de la Maison du peuple.

6.
Dishwasher from the Wend Dabo ("God's will") bar in the courtyard of la Maison du Peuple.
Plongeur du bar Wend Dabo (« la volonté de Dieu ») dans la cour de la Maison du peuple.

7.
Cashier from the Wend Dabo ("God's will") bar in the courtyard of la Maison du Peuple.
Caissier du bar Wend Dabo (« la volonté de Dieu ») dans la cour de la Maison du peuple.

8.
Waitress from the Wend Dabo ("God's will") bar in the courtyard of la Maison du Peuple.
Serveuse du bar Wend Dabo (« la volonté de Dieu ») dans la cour de la Maison du peuple.

Next page / *Page suivante*
Main entrance, early morning, before the merchants arrive.
Entrée principale, tôt le matin, avant l'arrivée des commerçants.

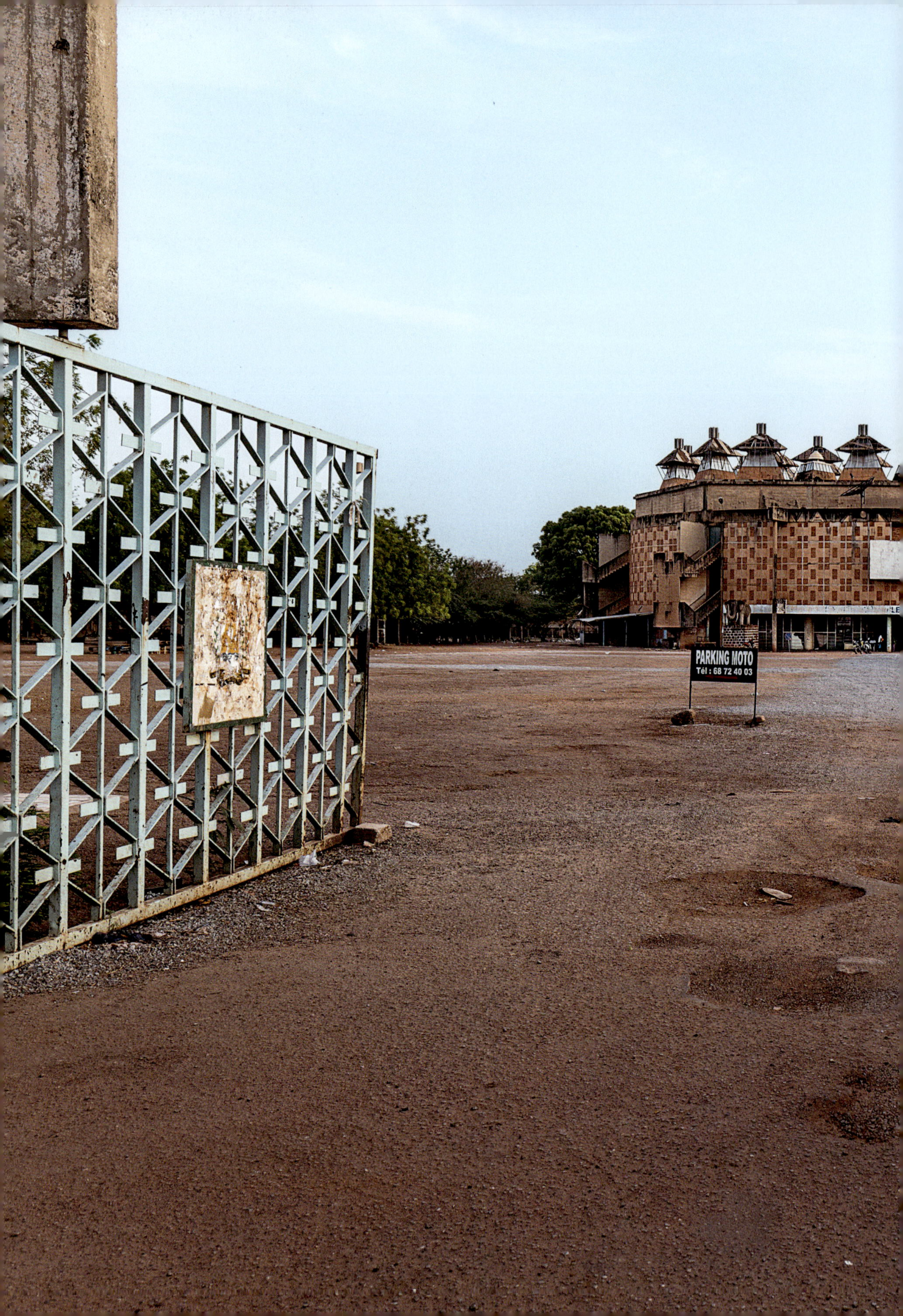
PARKING MOTO
Tél : 68 72 40 03

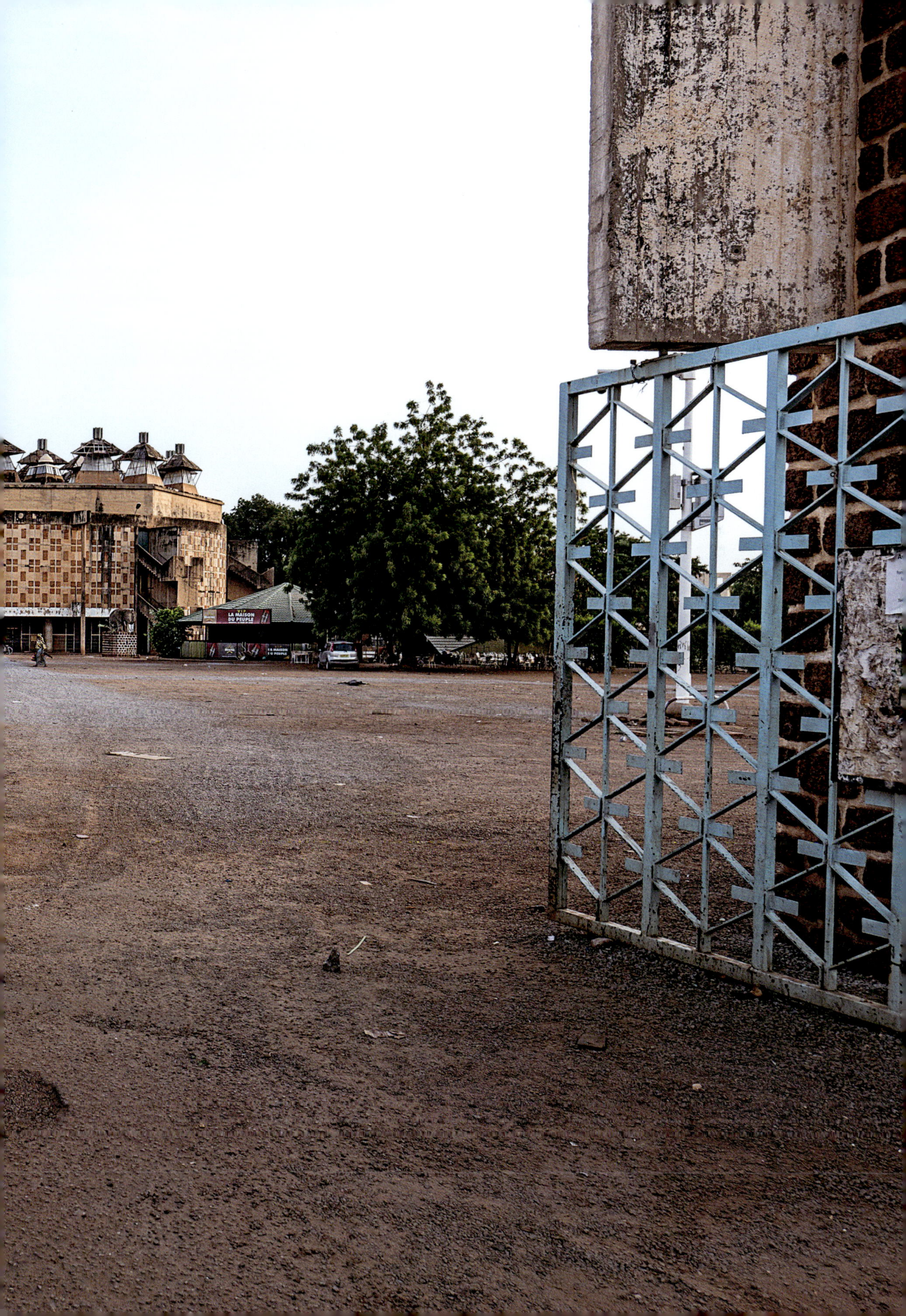
LA MAISON
DU PEUPLE
LA MAISON
DU PEUPLE

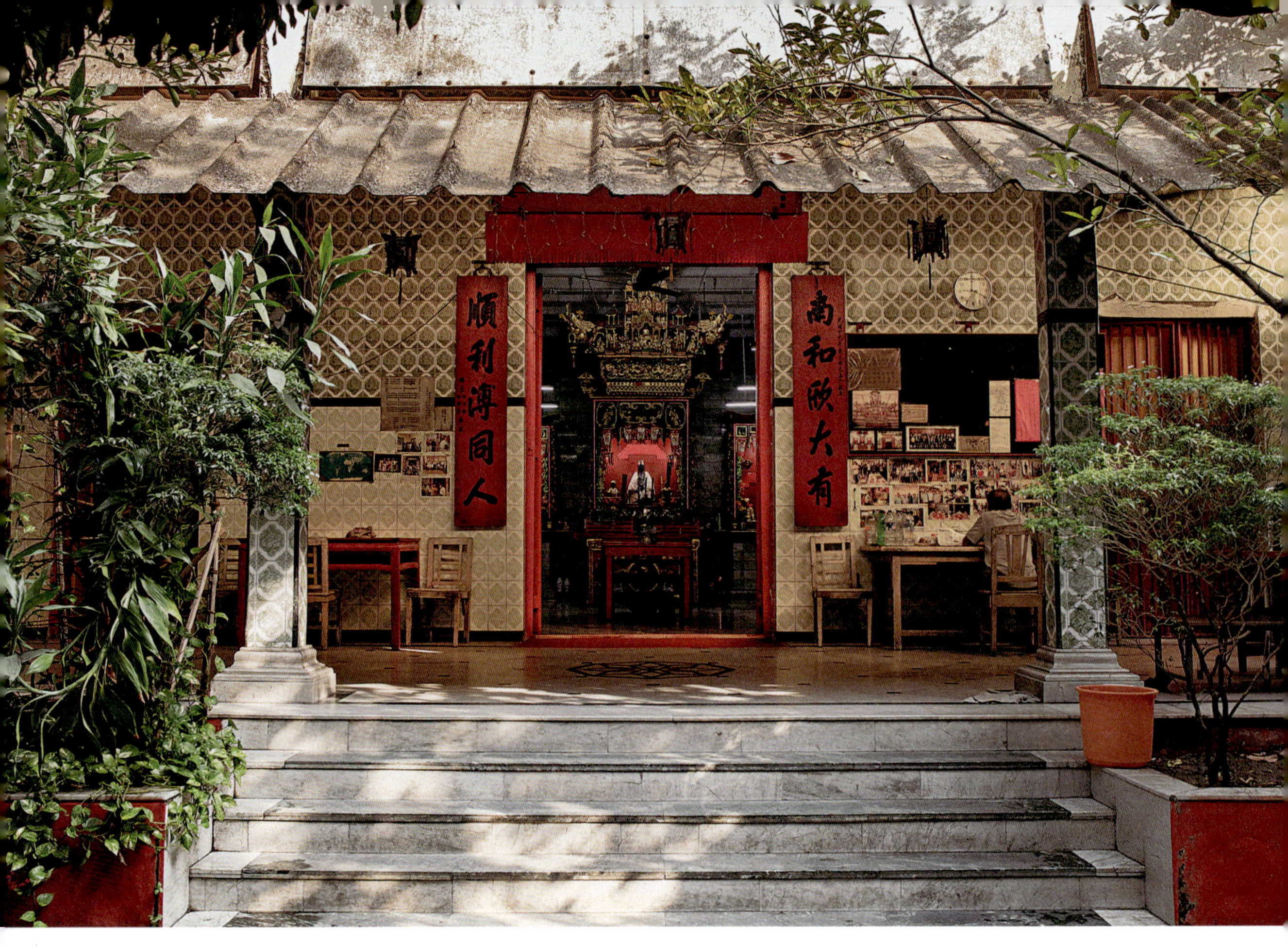

Courtyard of Nam Soon Church.
Cour de l'église Nam Soon.

TIRETTA BAZAAR

India

India's oldest Chinatown is a proud symbol of Kolkata's diversity and long trading history. As the community dwindles and pressure from developers mounts, residents have been pushing to gain legal protections for their neighborhood.

Le plus ancien quartier chinois d'Inde symbolise fièrement la diversité et la longue tradition commerciale de Calcutta. Alors que le nombre d'habitants diminue et que la pression de la part des promoteurs immobiliers s'intensifie, les habitants ont fait campagne pour obtenir la protection juridique de leur quartier.

SOUMYA SANKAR BOSE

is an artist based in Kolkata. His work has appeared in *Le Monde*, *The Financial Times*, *The Neue Zürcher Zeitung*, and elsewhere.
est un artiste basé à Calcutta. Son travail a été publié dans Le Monde, Financial Times, The Neue Zürcher Zeitung, *et bien d'autres.*

THE ENDANGERED CHINATOWN OF KOLKATA

Walking down a single lane in Tiretta Bazaar, one encounters almost 300 years of the community's presence in Kolkata. Homes, temples, dental clinics, shoe stores—all resonate with long-held memories. A handful of residents still celebrate Chinese New Year, and traditional cuisine is still popular at The Breakfast Point. In street scenes and intimate interiors, this series of photos captures the spirit of this unique but imperiled heritage.
Chaque ruelle témoigne de la présence de la communauté chinoise à Calcutta depuis plus de trois cents ans. Maisons, temples, cliniques dentaires, magasins de chaussures…, autant de lieux qui résonnent de souvenirs ancestraux. Une poignée d'habitants célèbre encore le Nouvel An chinois, et la cuisine traditionnelle reste populaire au Breakfast Point. Cette série de photos capture l'esprit animé des rues et les décors intimistes de ce patrimoine unique en péril.

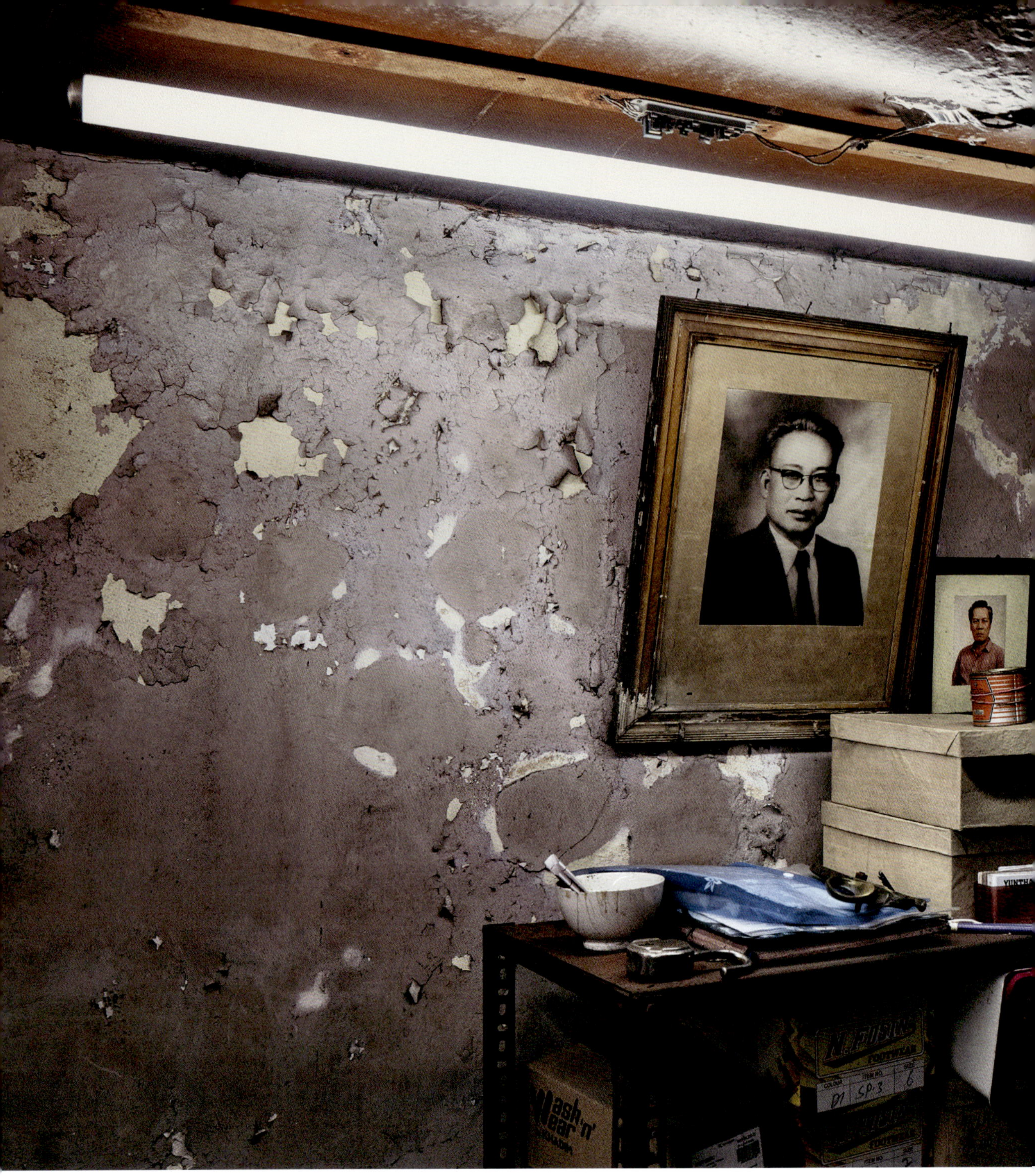

Inside an old Chinese shoe store on Bentinck Street. On the wall, there is a photograph of an ancestor of the shop owner.
This is one of the very few shoe stores still surviving around the Tiretta Bazaar area.
Intérieur d'un ancien magasin de chaussures sur Bentinck Street avec, au mur, la photographie d'un aïeul du propriétaire.
C'est l'un des derniers magasins de chaussures du quartier.

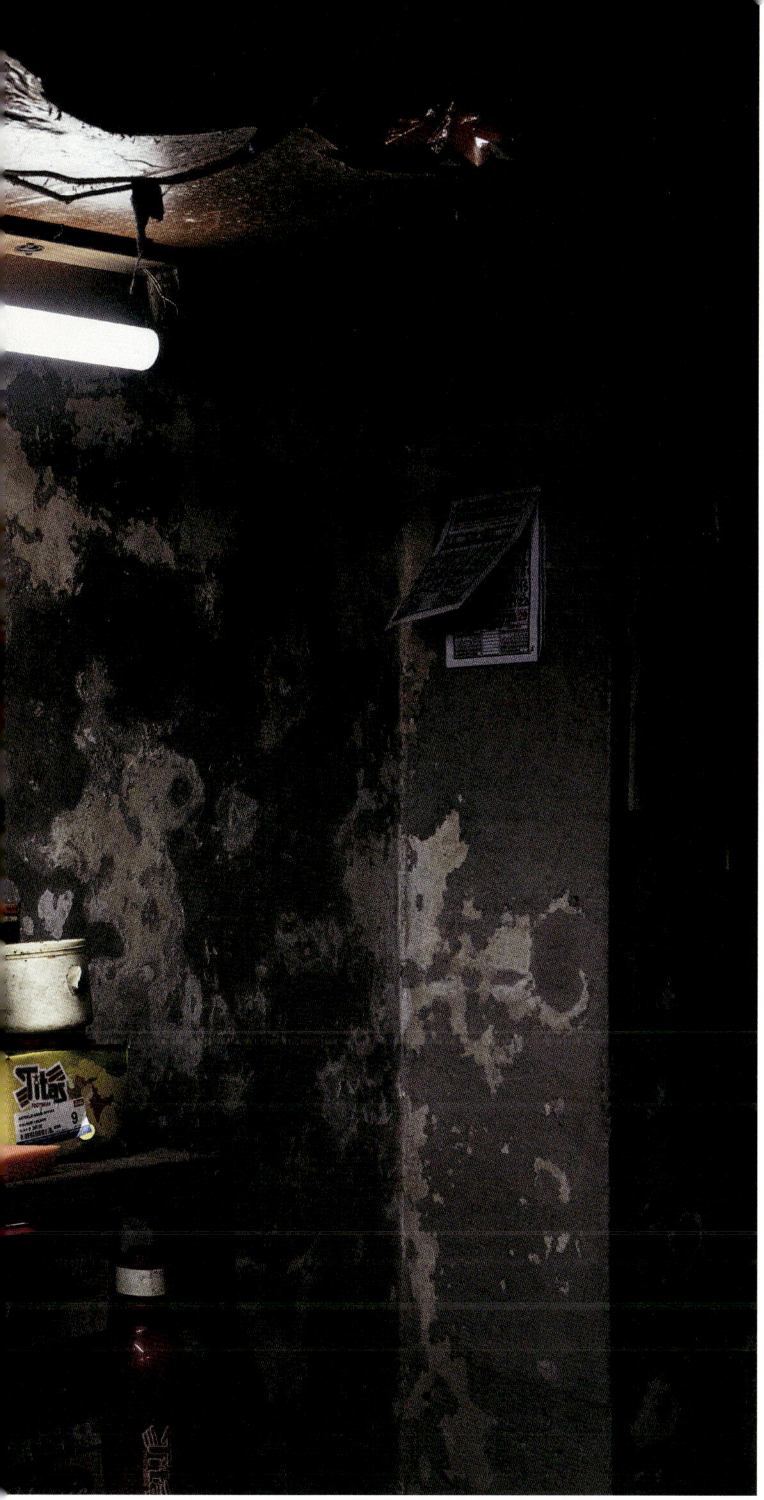

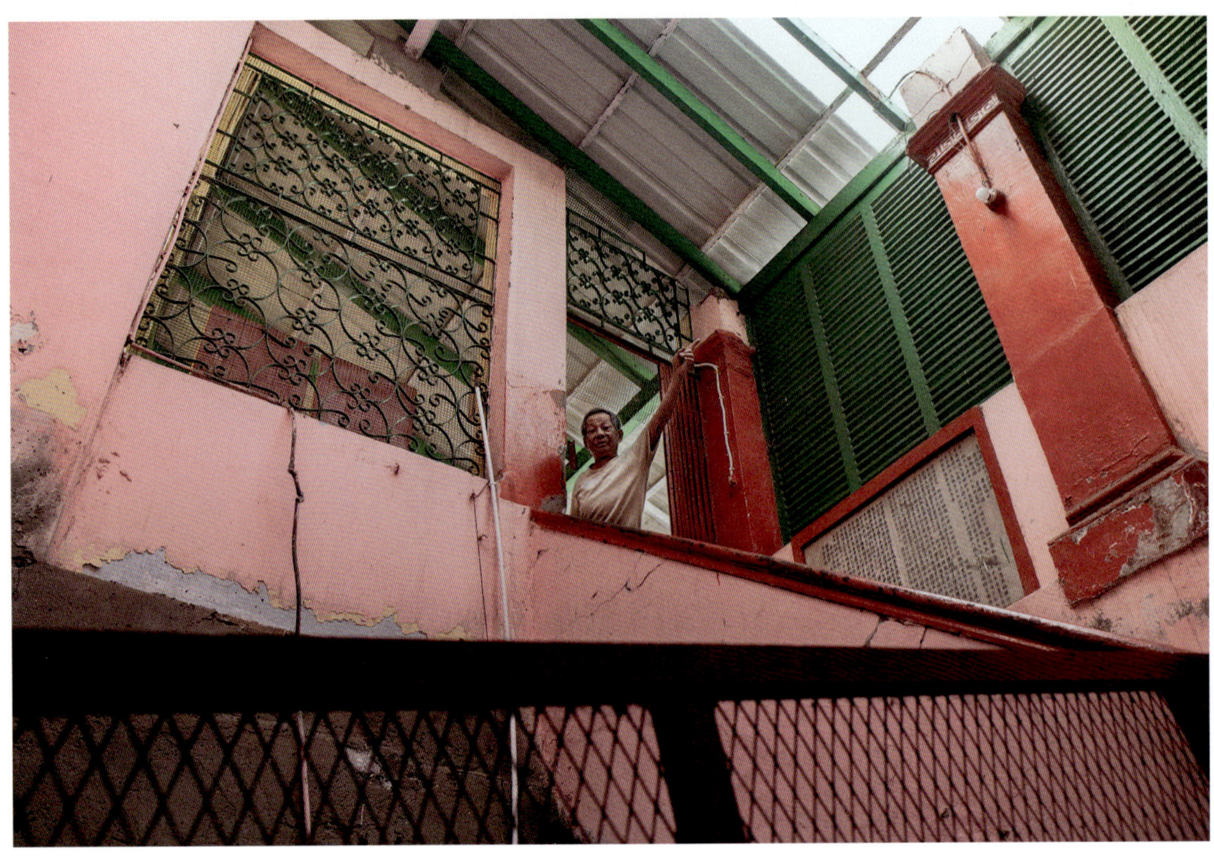

Left / *Gauche*
Staircase leading to the temple at Choonghee Dong Thien Haue Church. The man in the frame is popularly known as Appi Uncle.
Cage d'escalier menant à l'église Choonghee Donc Thien Haue. L'homme au milieu est connu sous le nom de « Appi Uncle ».

Right / *Droite*
Inner temple of Yune Leong Futh Church belonging to the Hupeh Association on Black Burn Lane.
The names of the deities in the temple are Ruan Ziyu and Liang Cineng, considered to be incarnations of the Buddha.
Temple situé dans l'église de Yune Leong Futh, appartenant à l'Association « Hupeh », à Black Burn Lane.
Les divinités du temple sont Ruan Ziyu et Liang Cineng, considérés comme des réincarnations de Bouddha.

Next page / *Page suivante*
People enjoying the lion dance and celebrating Chinese New Year in Tangra, Kolkata. Traditionally, lettuce leaves are hung
from each house for the lion to grab; the lion throws them back to the residents as a blessing.
Célébration de la danse du lion pendant le Nouvel An chinois à Calcutta. Traditionnellement, les habitants accrochent des feuilles
de salade à leur fenêtre pour le lion qui, en retour, bénit les habitants.

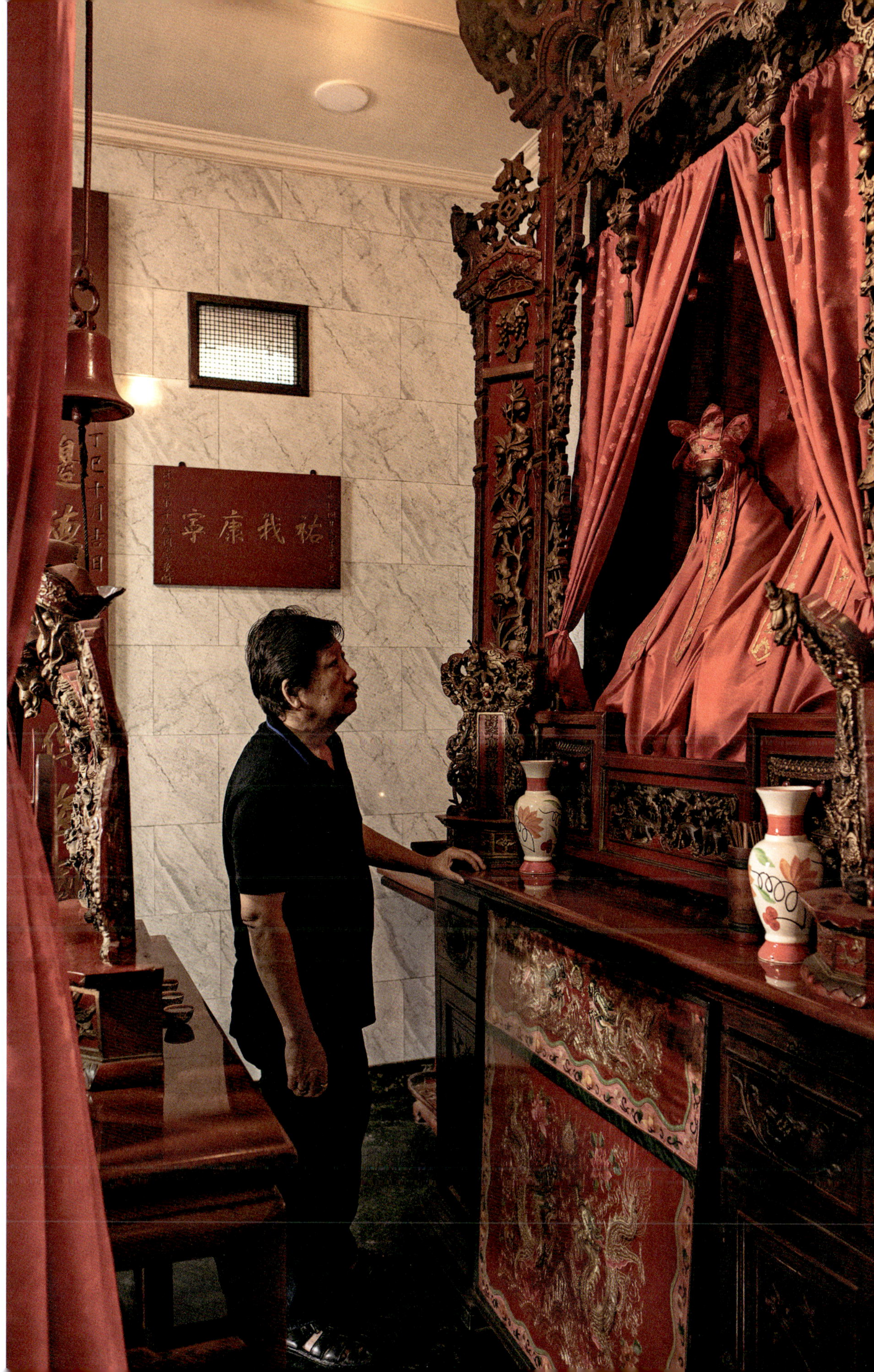

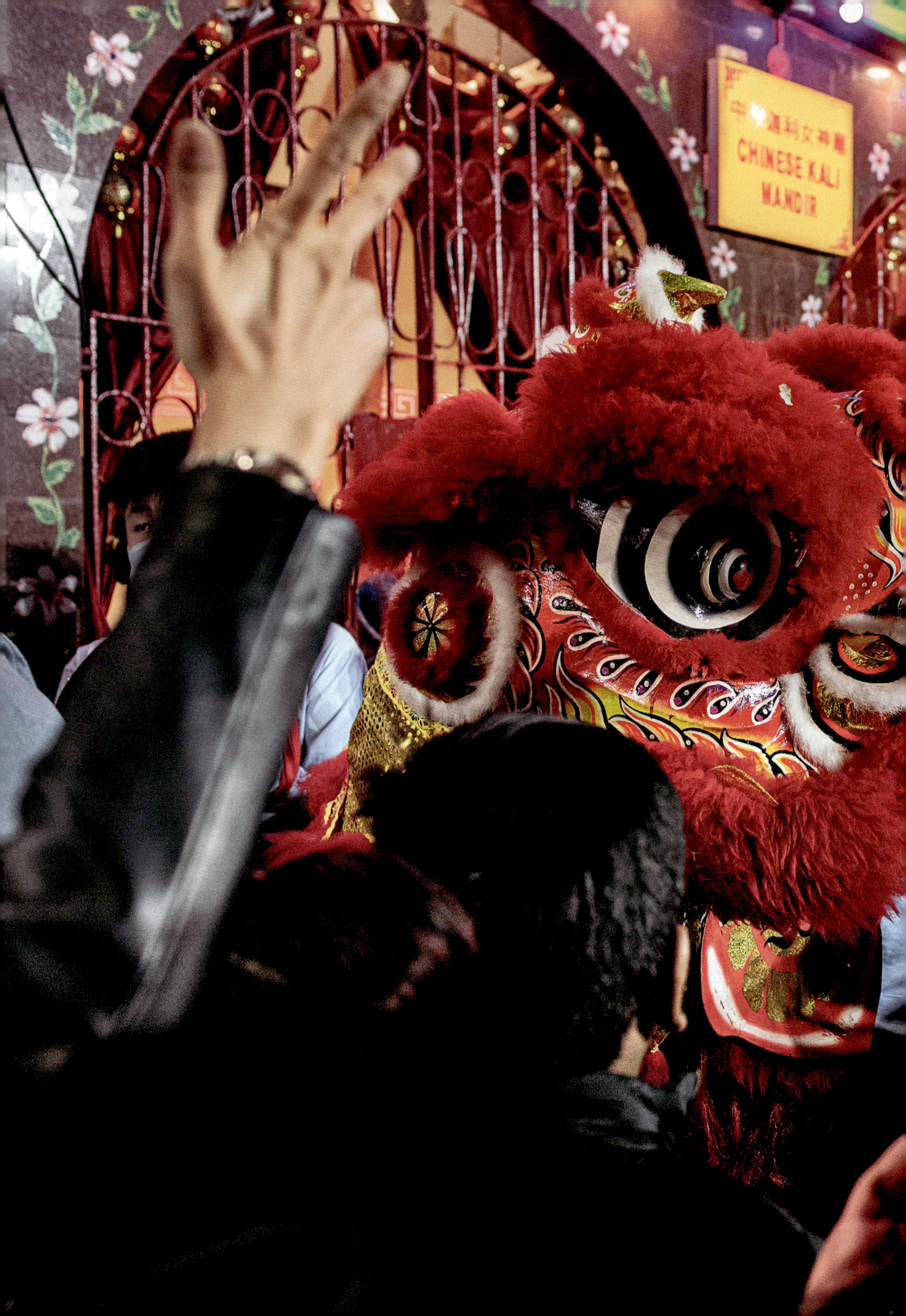
中華 迦利女神廟
CHINESE KALI
MANDIR

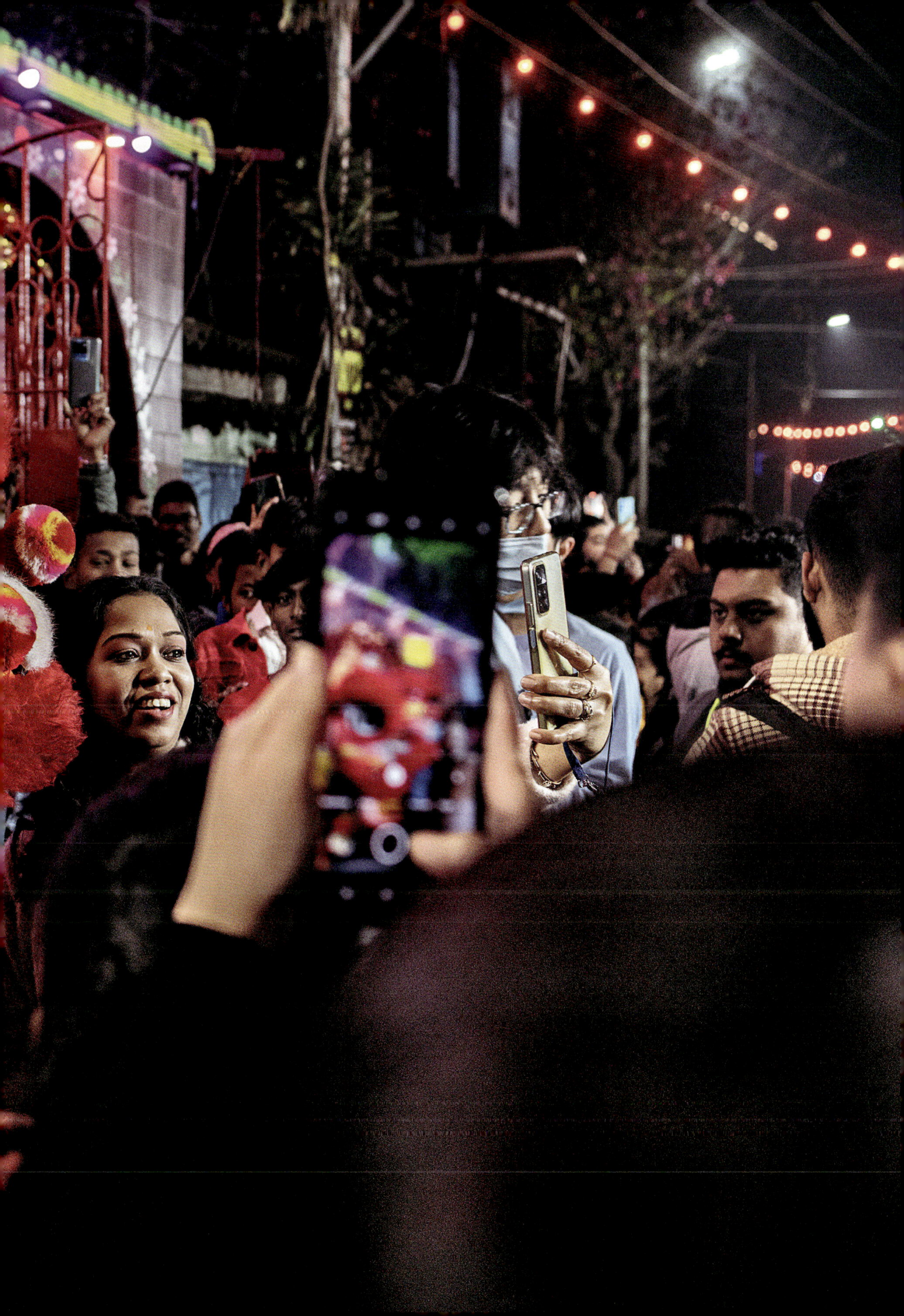

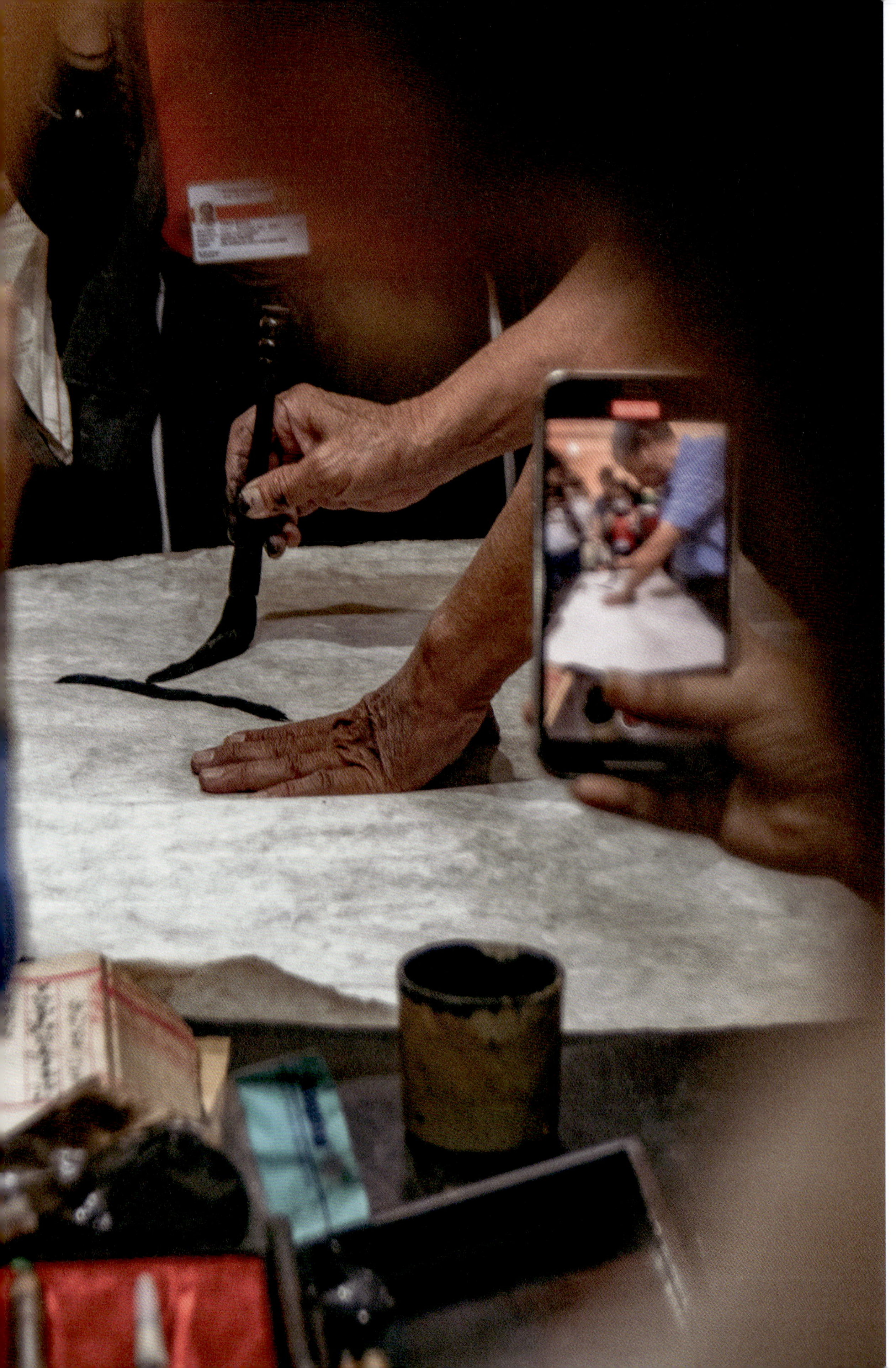

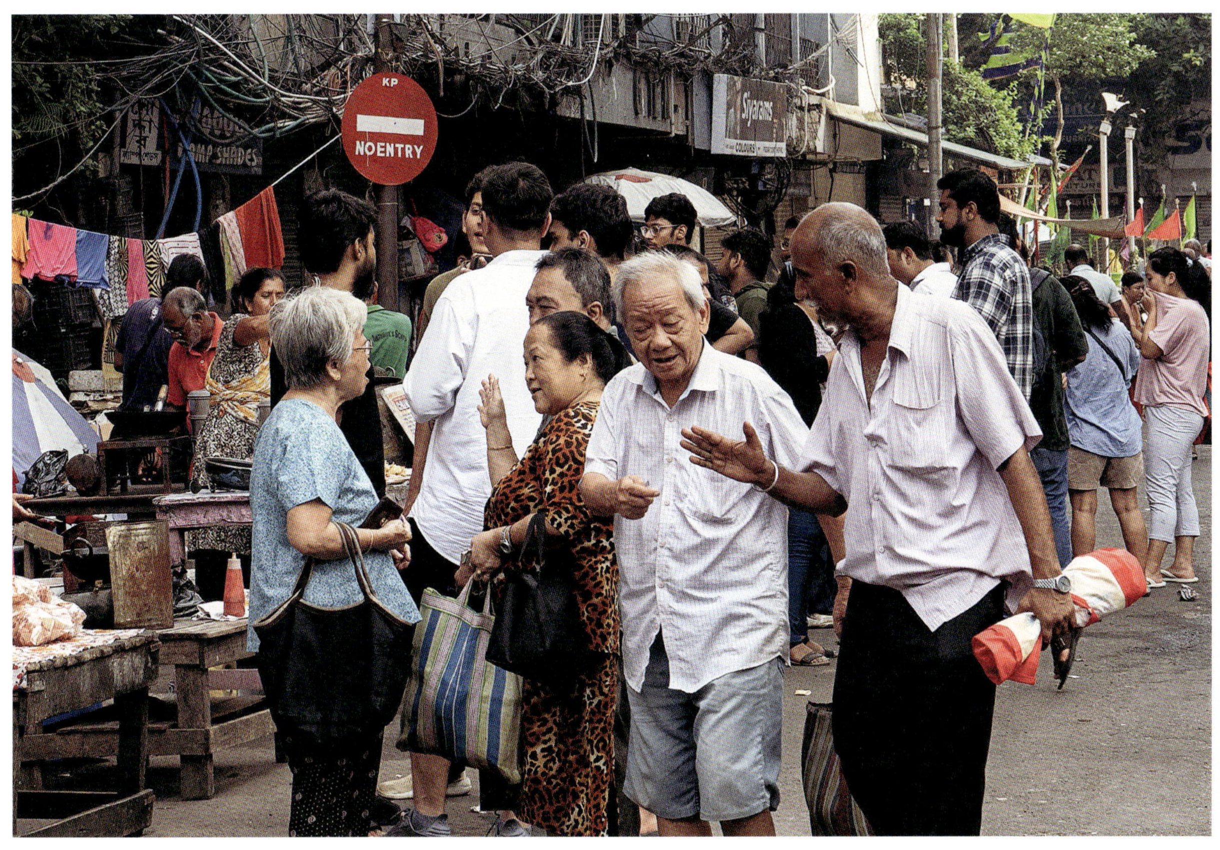

Left / *Gauche*
Chinese calligraphy demonstration on traditional rice paper, or *xuan*.
Students gathered to watch the demonstration at the Hupeh Association.
Démonstration de calligraphie chinoise avec un pinceau et du papier de riz traditionnel.
Les étudiants se sont rassemblés pour admirer la démonstration par l'Association « Hupeh ».

Right / *Droite*
Early morning scenes at The Breakfast Point on Sunday on Sun Yat-sen Street.
Dimanche matin au Breakfast Point, sur Sun Yat-sen Street.

Next page / *Page suivante*
Decorations on the facade of the Hupeh Association for Chinese New Year.
Décorations sur la façade de l'Association « Hupeh » pour le Nouvel An chinois.

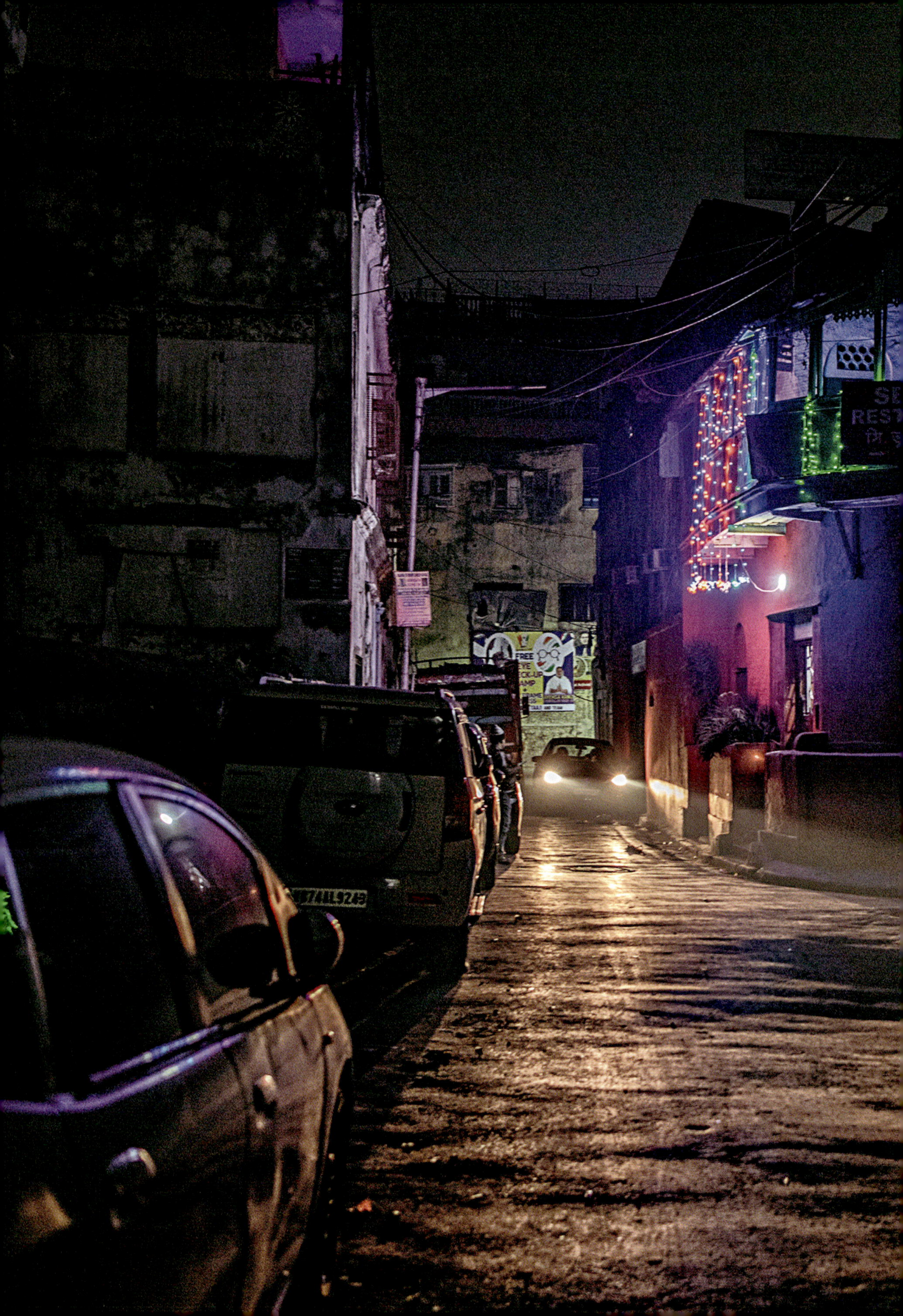
SE
REST
FREE
EYE
CHECK UP
CAMP

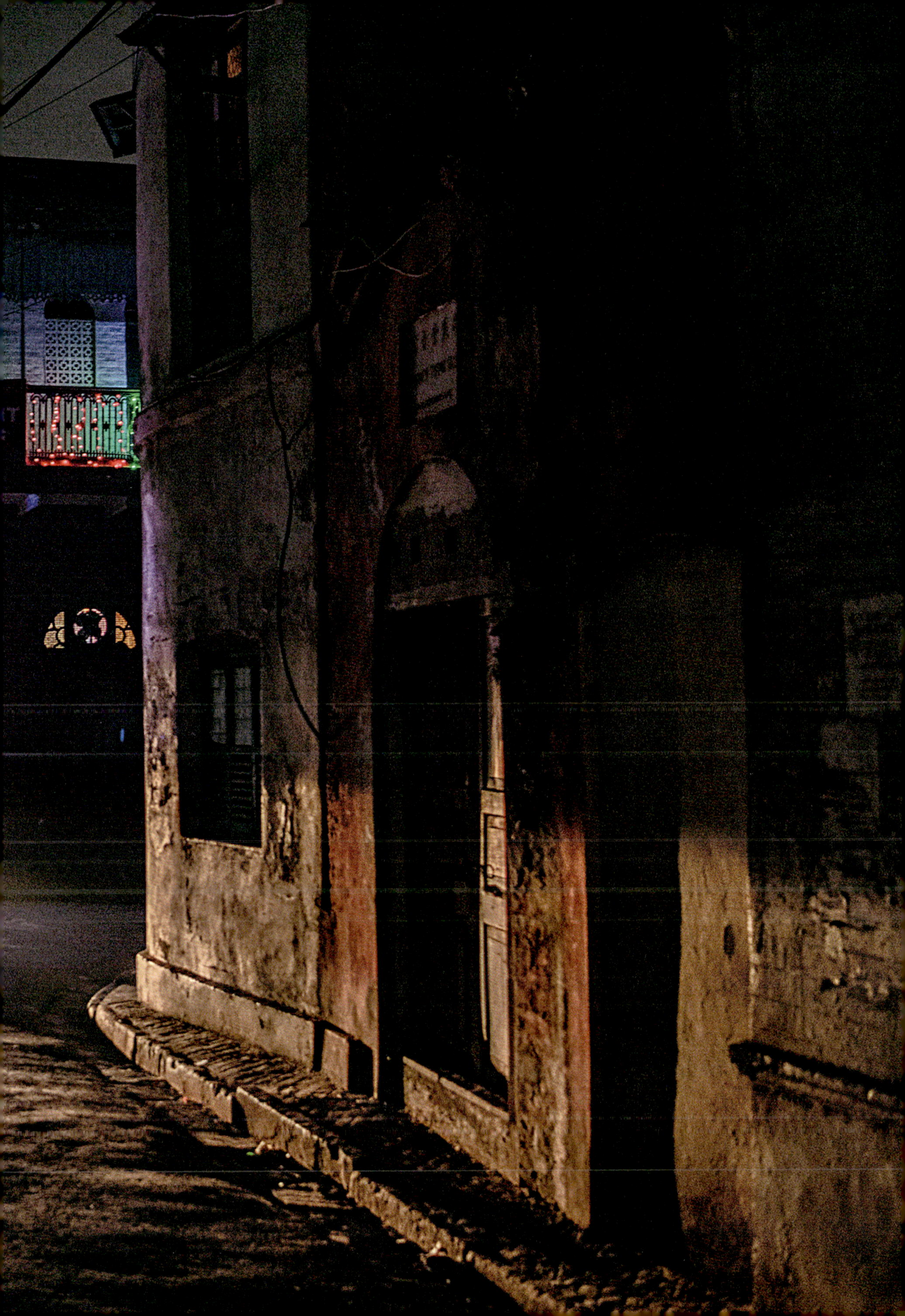

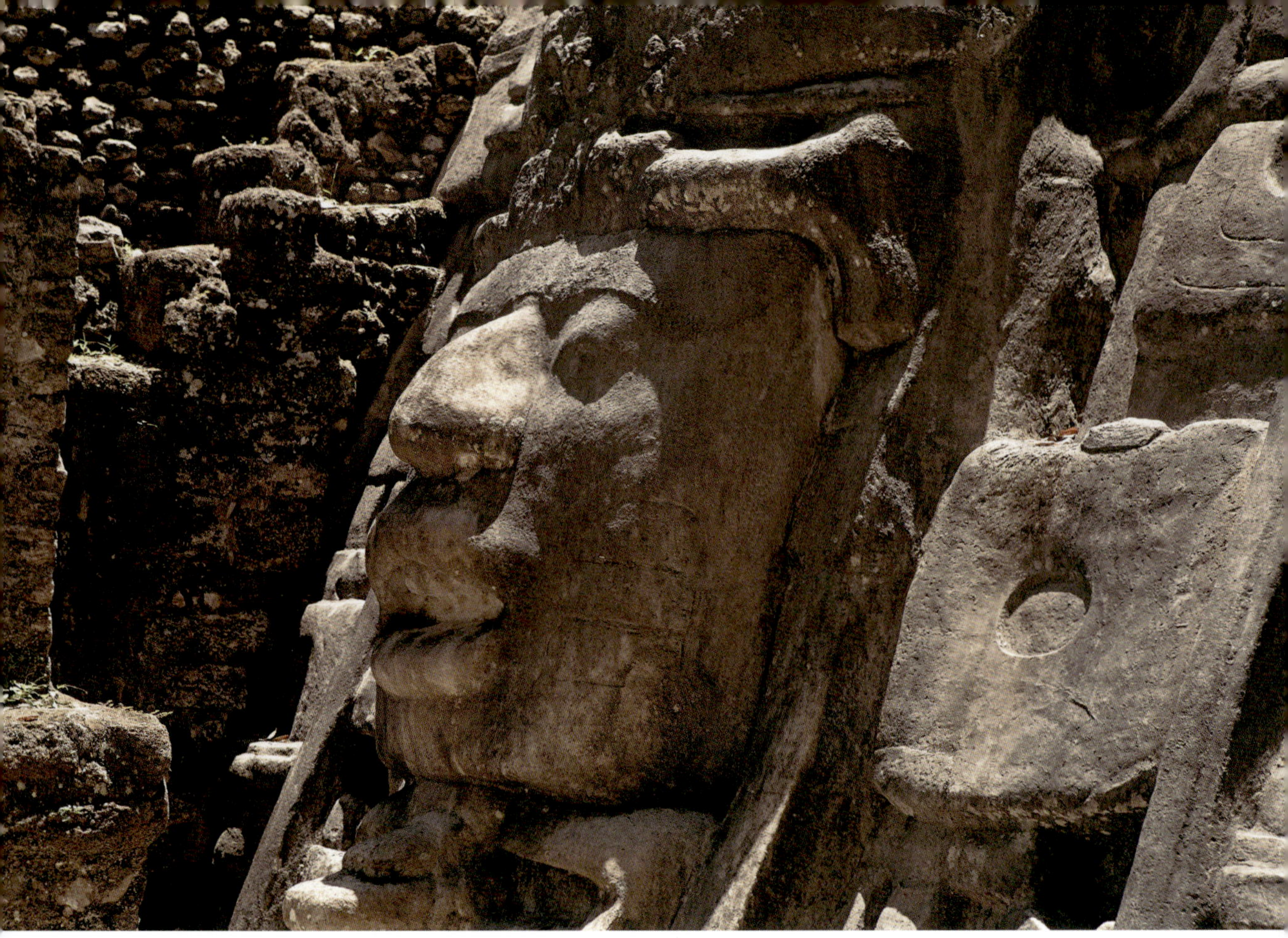

Face on the side of a temple.
Visage sculpté sur la façade latérale d'un temple.

Next page / *Page suivante*
The tallest temple at Lamanai.
Le plus haut temple de Lamanai.

LAMANAI

Belize

Originally a Maya city, the buildings within and around these archaeological remains testify to centuries of history, from Spanish colonization to the arrival of refugees from Guatemala and El Salvador. A more inclusive tourism approach could engage with this history in all its complexity.

Les bâtiments qui entourent les vestiges archéologiques de l'ancienne cité maya représentent l'évolution de la ville, de la colonisation espagnole à l'arrivée de réfugiés du Guatemala et du Salvador. Une démarche touristique plus inclusive permettrait de faire connaître cette histoire dans toute sa complexité.

MORENA PÉREZ JOACHIN

is a documentary photographer and photojournalist based in Guatemala City. Her work has appeared in *The Los Angeles Times, The Christian Science Monitor, Deutsche Welle,* and elsewhere.
est une photographe documentaire et photojournaliste basée dans la ville de Guatemala. Son travail a été publié dans The Los Angeles Times, The Christian Science Monitor, Deutsche Welle, *et bien d'autres.*

THE CROCODILES AMONG US: VOICES OF LAMANAI

Crossing the lagoon to Lamanai for the first time, a unique sensation can take hold, as if the site had opened the portals of myth. In the Yucatec Maya language, Lamanai translates as "submerged crocodile." According to legend, the creatures transcend time by reviving the past in the present. These photographs conjure up the sacred world inhabited by these beings and invoked in carvings on temple walls.
La première traversée de la lagune, jusqu'à Lamanai, peut provoquer une étrange sensation, comme si le site invitait les visiteurs à découvrir ses mythes. En langue maya yucatèque, Lamanai signifie « crocodile submergé ». Selon la légende, ces créatures sont capables de transcender le temps en faisant revivre le passé. Ces photographies évoquent le monde sacré de ces êtres, dépeint sur les sculptures des temples.

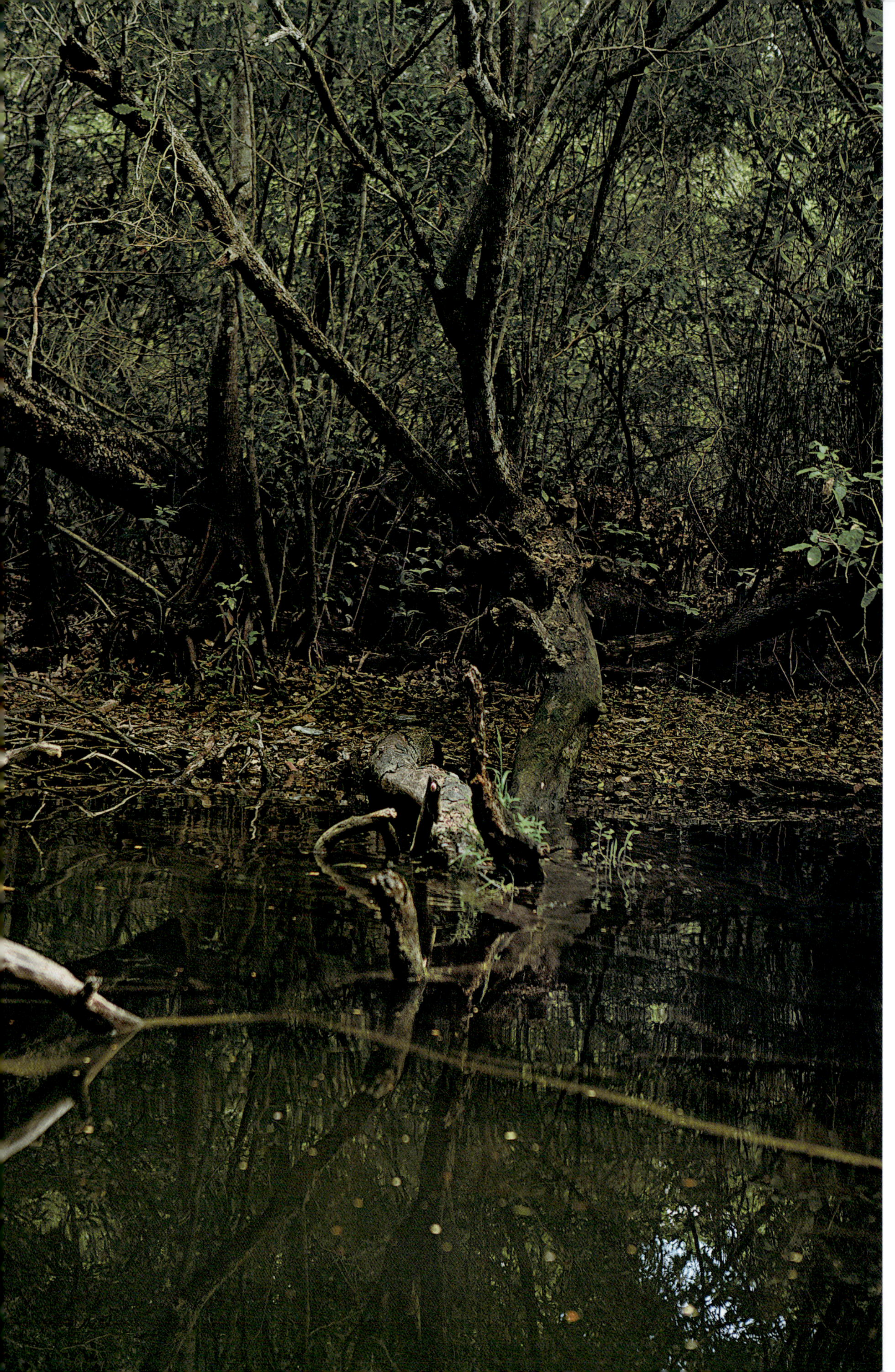

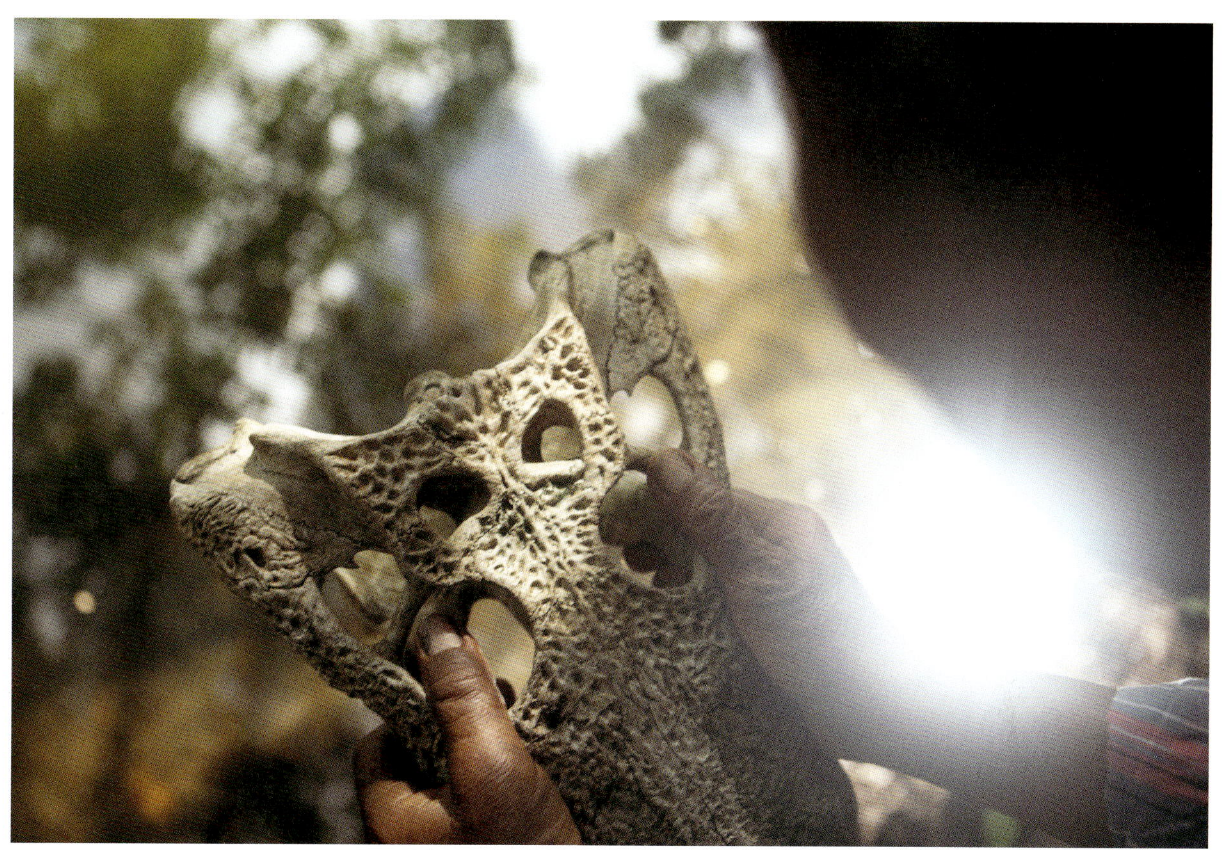

Left / *Gauche*
At Lamanai, one can feel the trace of the crocodile submerged in the shadows.
À Lamanai, les traces du crocodile englouti par les ténèbres sont visibles.

Right / *Droite*
Skeleton of a crocodile found in Indian Church, a community adjacent to Lamanai.
Ossements d'un crocodile trouvés à Indian Church, une communauté voisine de Lamanai.

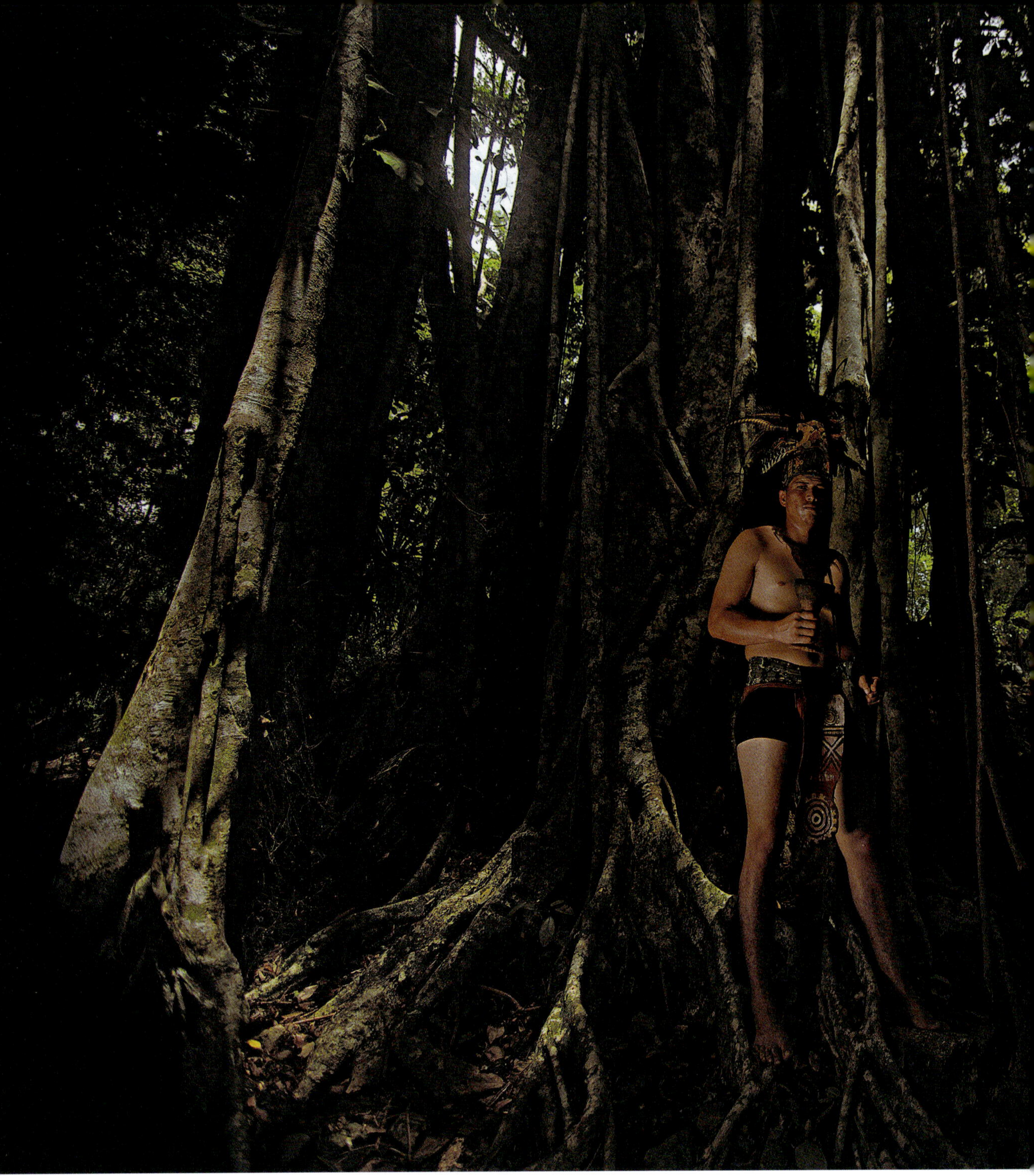

Portrait of an Indigenous man carrying offerings to the ceremonial sites within Lamanai.
Portrait d'un homme autochtone apportant des offrandes sur les sites cérémoniels de Lamanai.

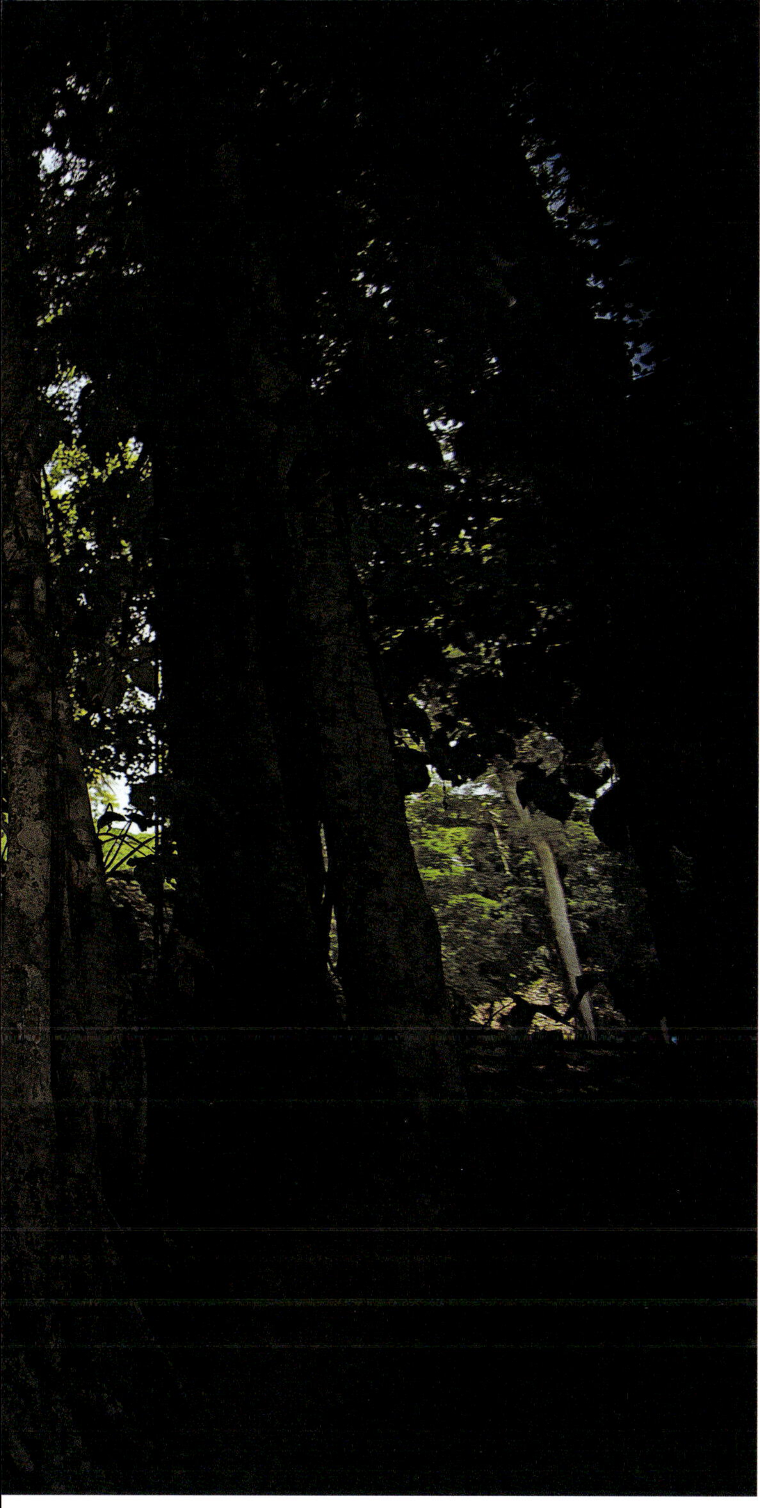

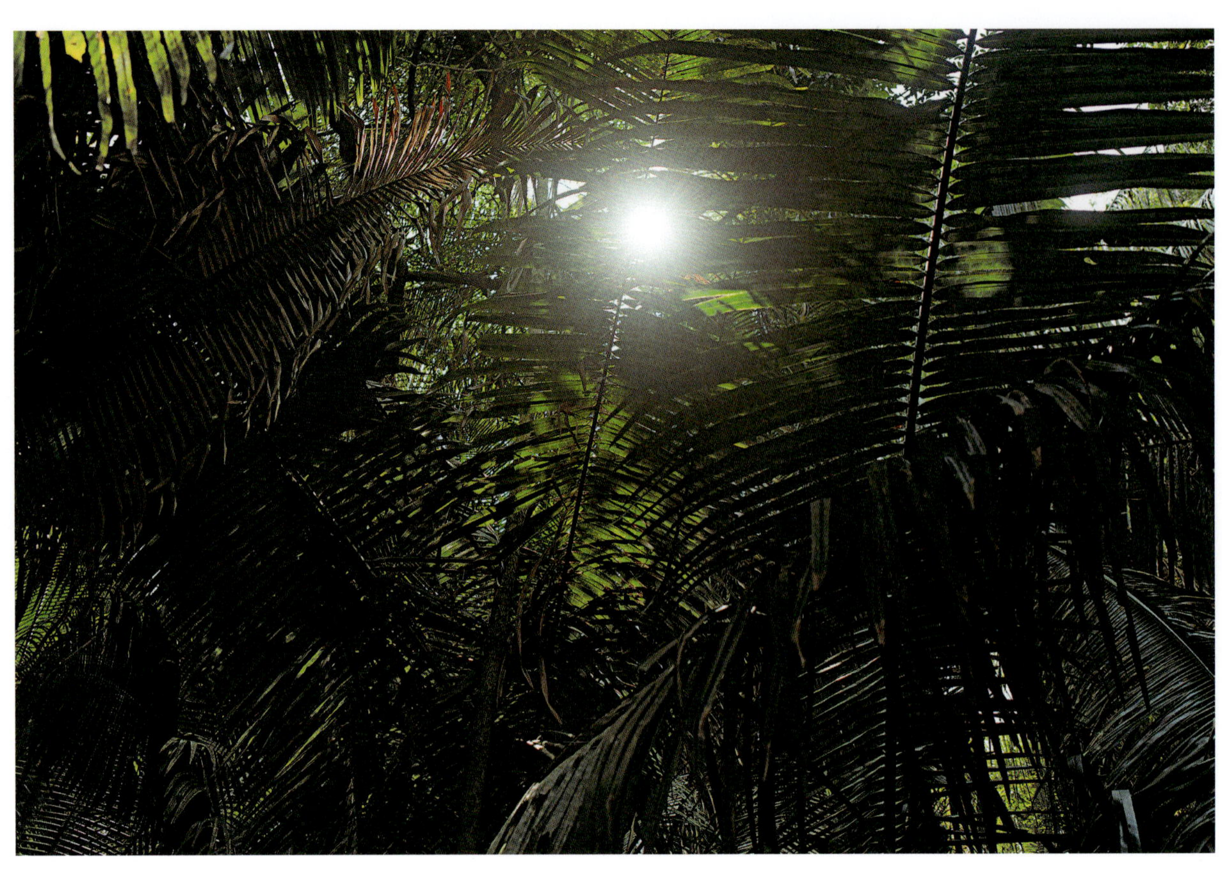

Leaves and bushes between temples.
Feuilles et buissons entre les temples.

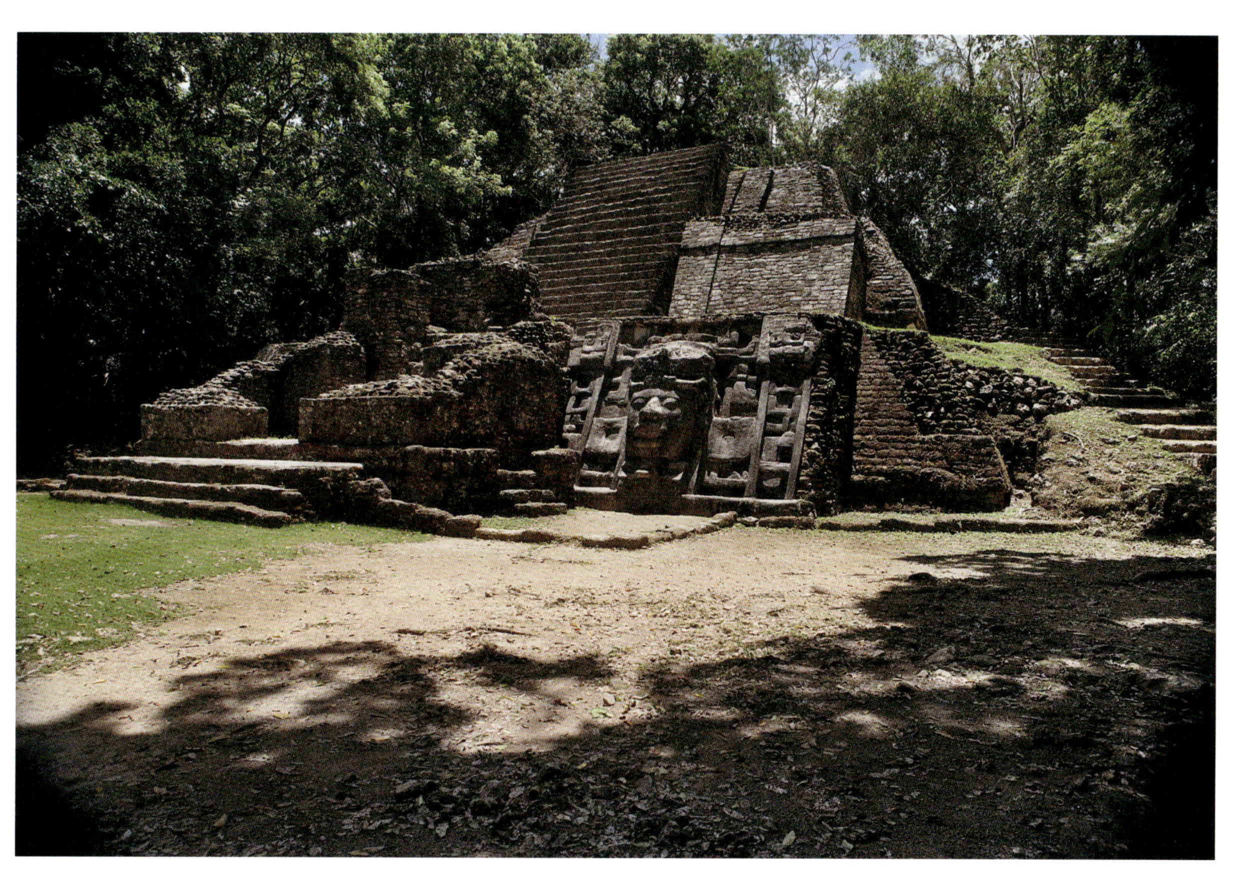

Mask Temple.
Le temple du masque.

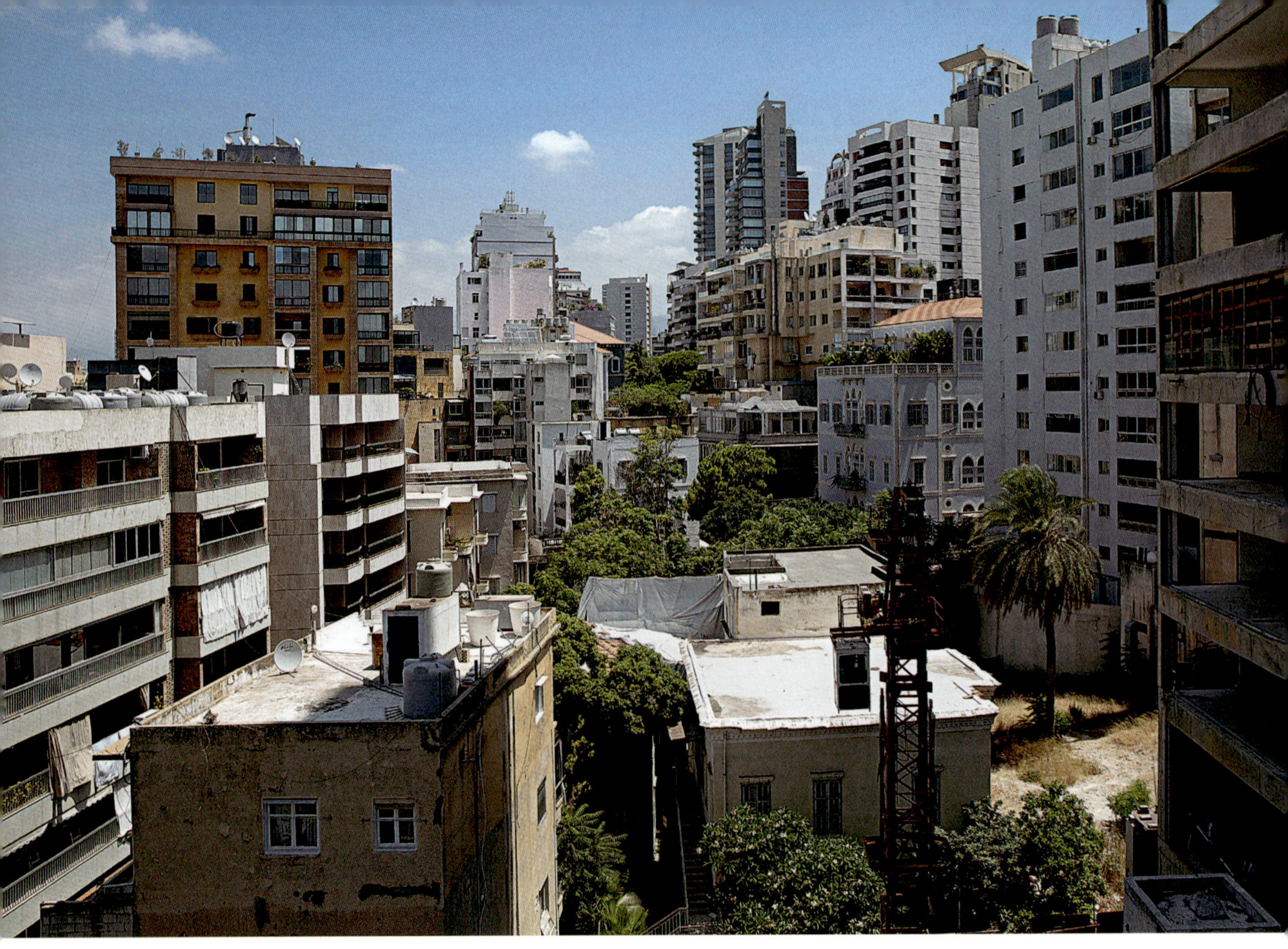

View over the Rmeil area. Twenty years ago, the panoramic view of the sea and mountain began getting obstructed by high-rises.
The building on the right was never completed.
Vue sur le quartier de Rmeil. Les immeubles construits depuis vingt ans obstruent désormais la vue panoramique sur la montagne et la mer.
Le bâtiment de droite n'a jamais été achevé.

Next page / *Page suivante*
View over a heritage house in Rmeil that is still being restored after the Beirut Port explosion in 2020.
Vue sur une maison historique de Rmeil, encore en restauration depuis l'explosion du port de Beyrouth en 2020.

HISTORIC BEIRUT
Lebanon

The catastrophic explosion in the port of Beirut in 2020 did major damage to the city's rich heritage. Now, locals fear that affected buildings will be razed and redeveloped, an irreplaceable loss for the historic center.

Le patrimoine de Beyrouth a été profondément endommagé par la dévastatrice explosion du port en 2020. Aujourd'hui, les habitants craignent la destruction des bâtiments sinistrés, qui infligerait une nouvelle perte irréparable au centre historique de la ville.

ELSIE HADDAD

is a photographer based in Beirut. Her work revolves around transition and change, as well as around places that have borne witness to different eras and events.
est une photographe basée à Beyrouth. Son travail s'articule autour de la transition et du changement, ainsi qu'autour de lieux qui ont été témoins d'époques et d'événements différents.

KAN GHAYR SHAKL ALZAYTUN: MAPPING EAST BEIRUT

For this series, residents of east Beirut shared their vulnerability in the face of relentless change, caught in the crosscurrents of urban development, economic pressure, and societal shifts that threaten to unravel their lives. By preserving these stories, this series illuminates the intricate tapestry of the city's past, with the goal of igniting a shared commitment towards revitalization.
Dans cette série, les habitants de l'est de Beyrouth confient leurs inquiétudes face aux risques de l'incessant développement urbain, de la pression économique et des transformations sociales qui bouleversent leur vie. En documentant ces récits, ces photos décryptent le passé de la ville et espèrent susciter un engagement commun en faveur de sa revitalisation.

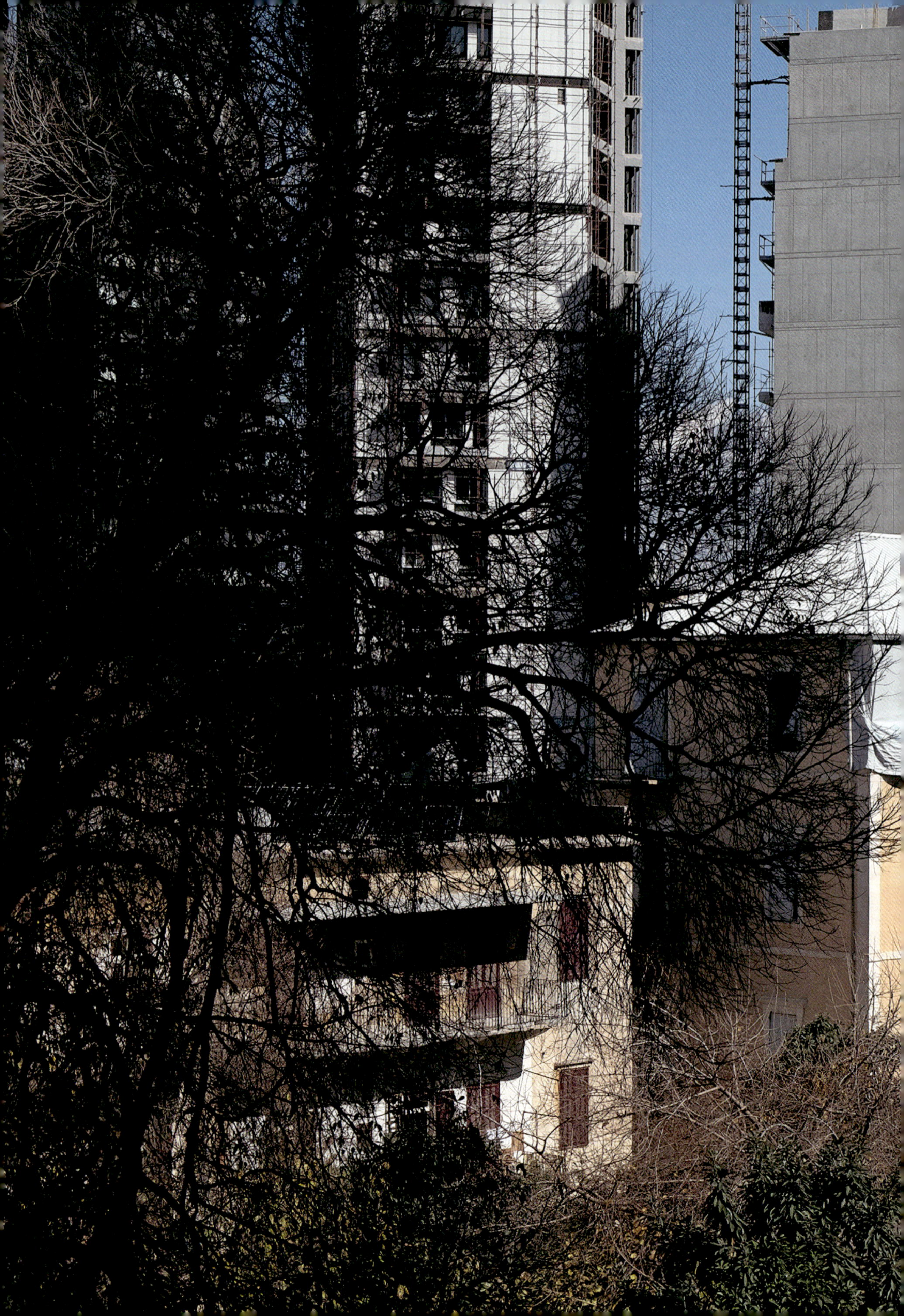

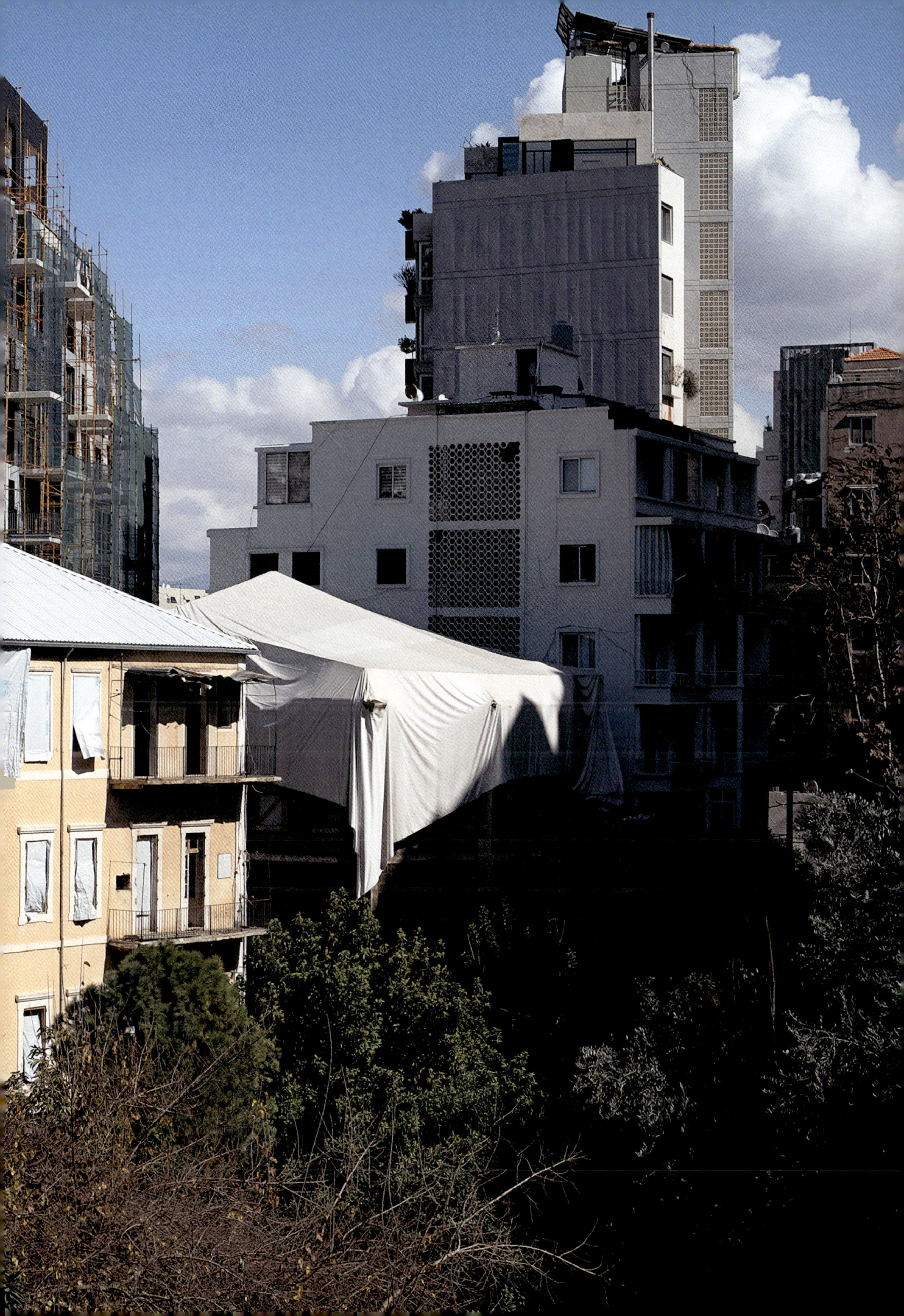

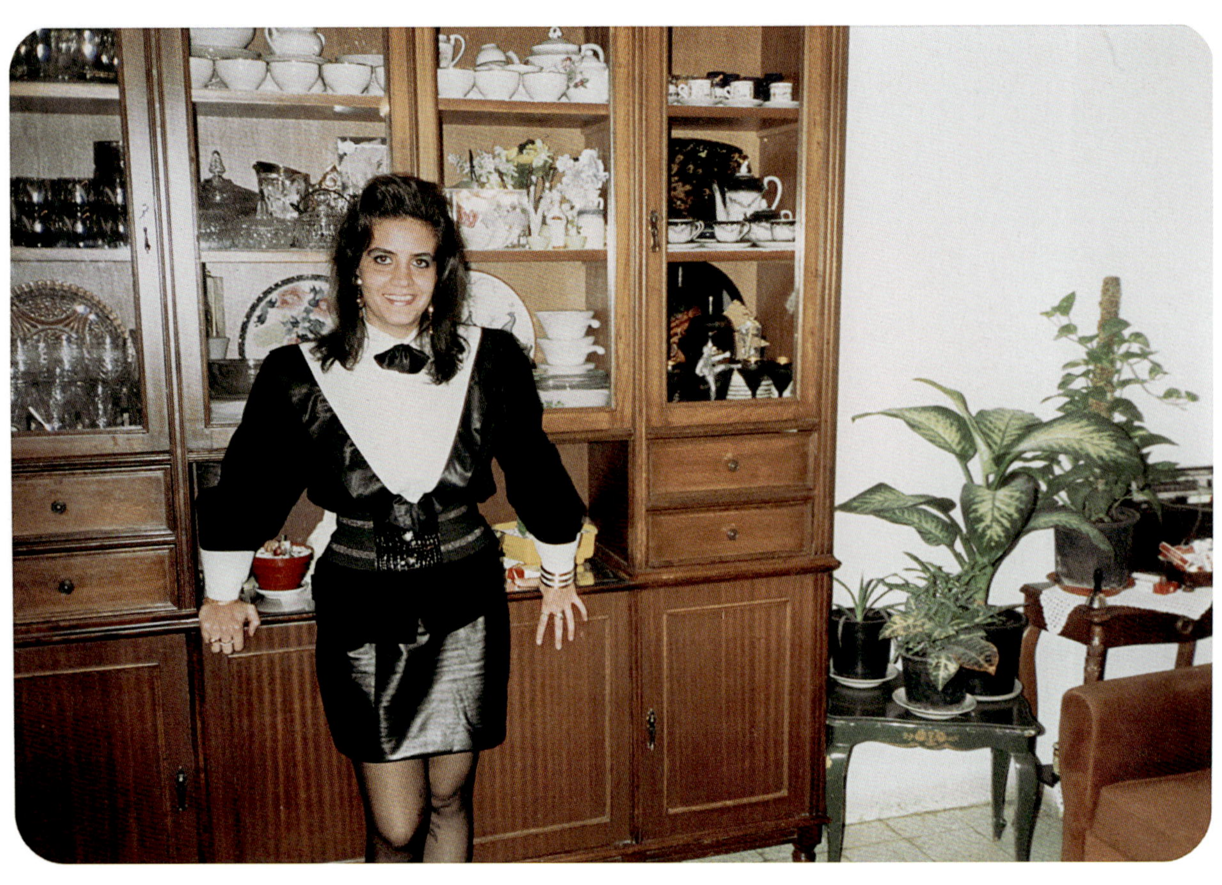

Johane stands in front of her grandfather's handmade cupboard in her one-bedroom apartment in Ashrafieh,
where she grew up with her four siblings.
Johane se tenant devant l'armoire de son grand-père, dans son studio à Ashrafieh, où elle a grandi avec ses quatre frères et sœurs.

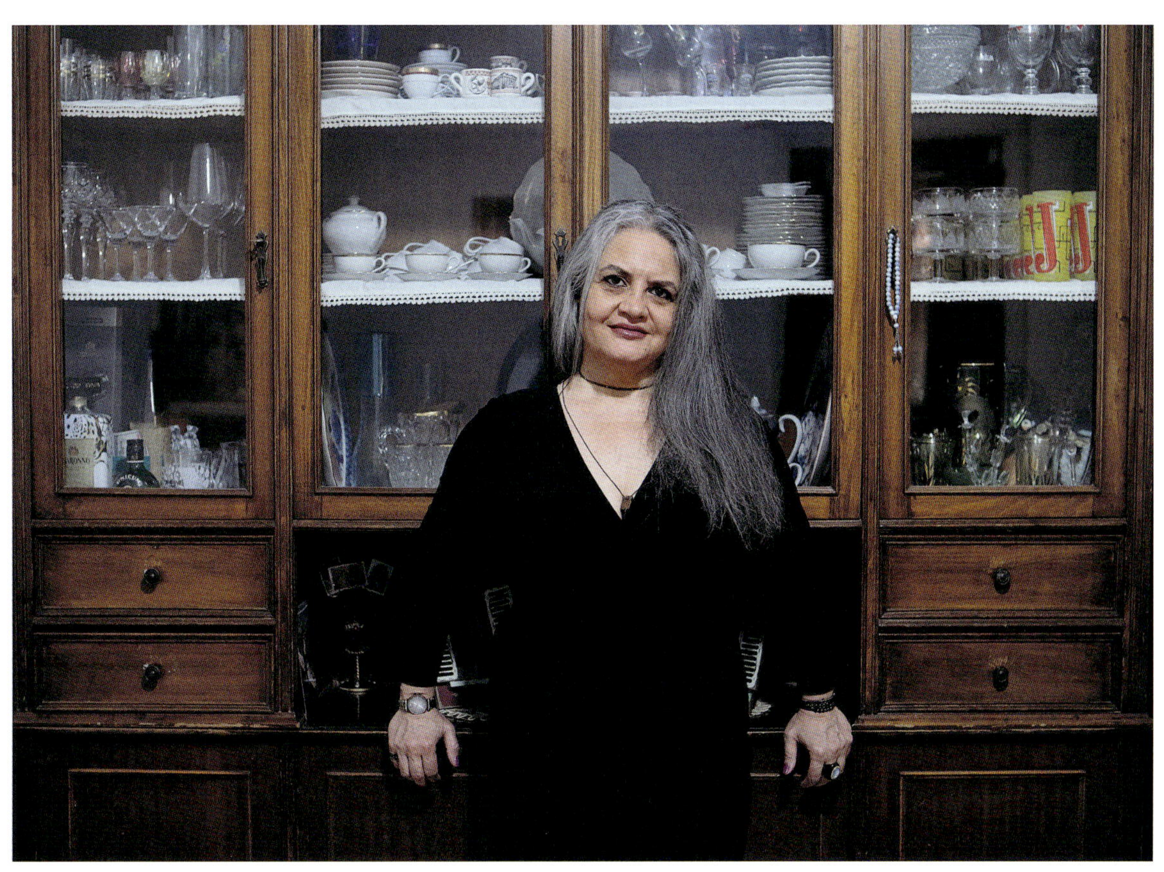

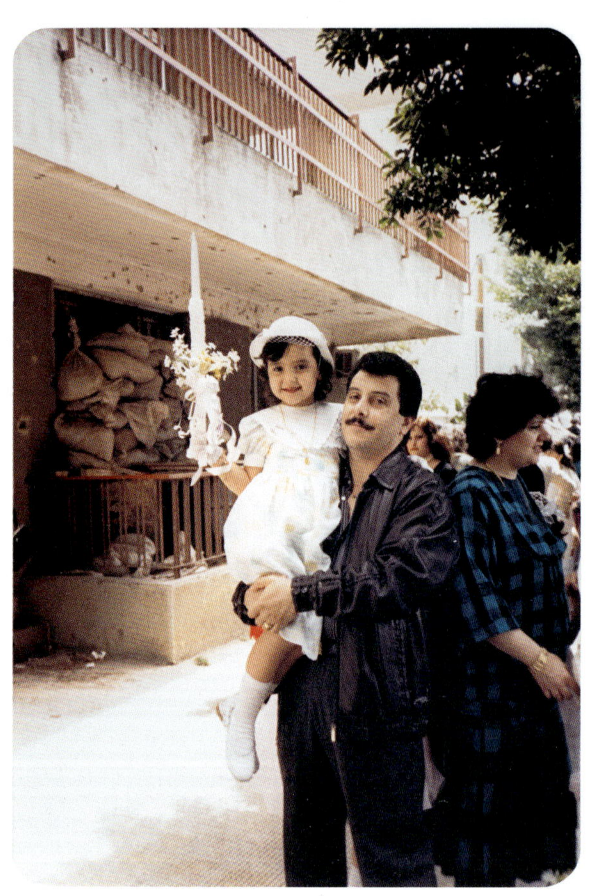

Me and my father, Salim, on Palm Sunday in 1987. Jane, my daughter, and her father, Tony, stand in the same spot almost 40 years later.
Mon père Salim et moi, en 1987, dimanche des Rameaux. Jane, ma fille, et son père Tony, au même endroit quarante ans après.

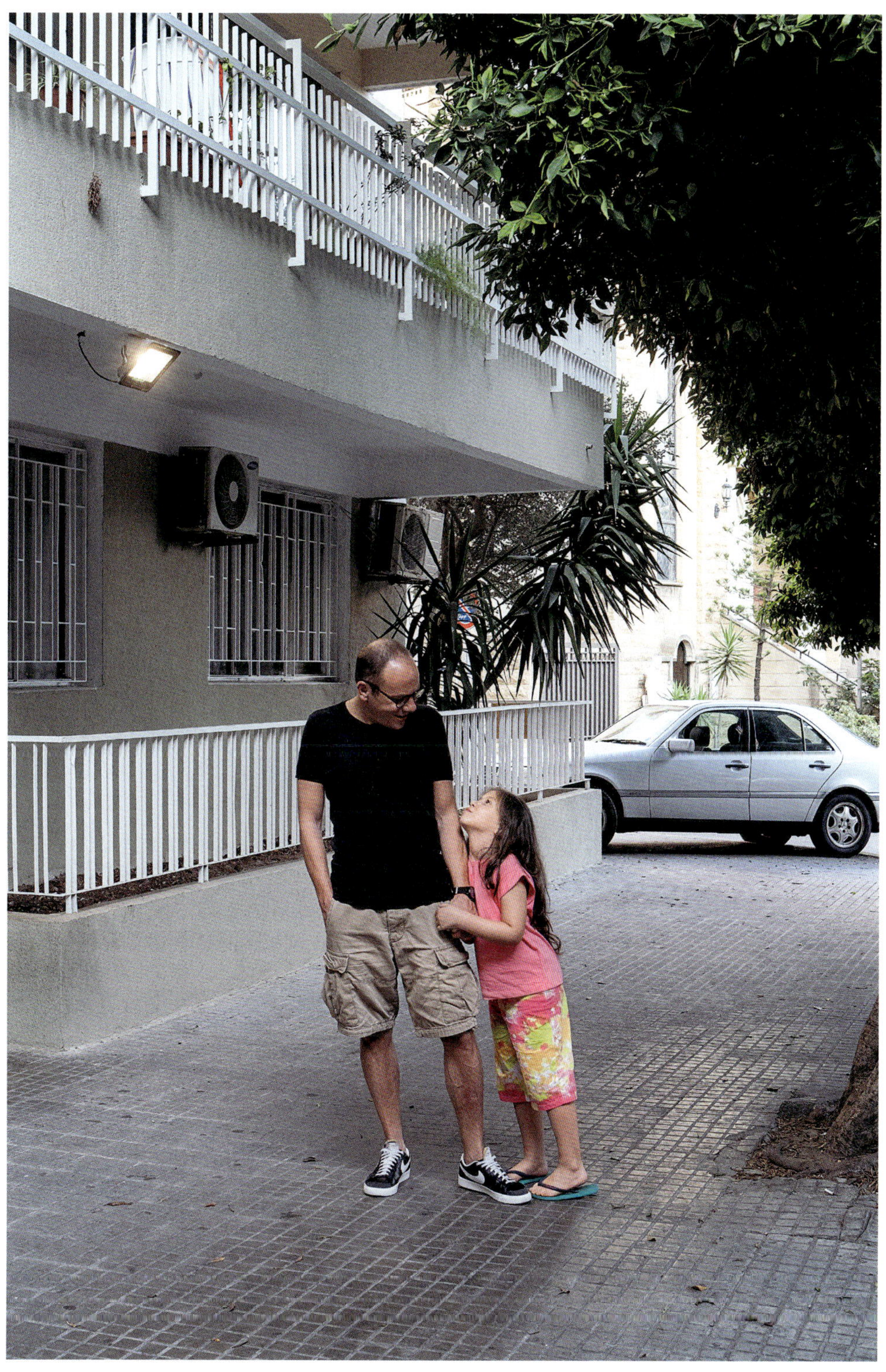

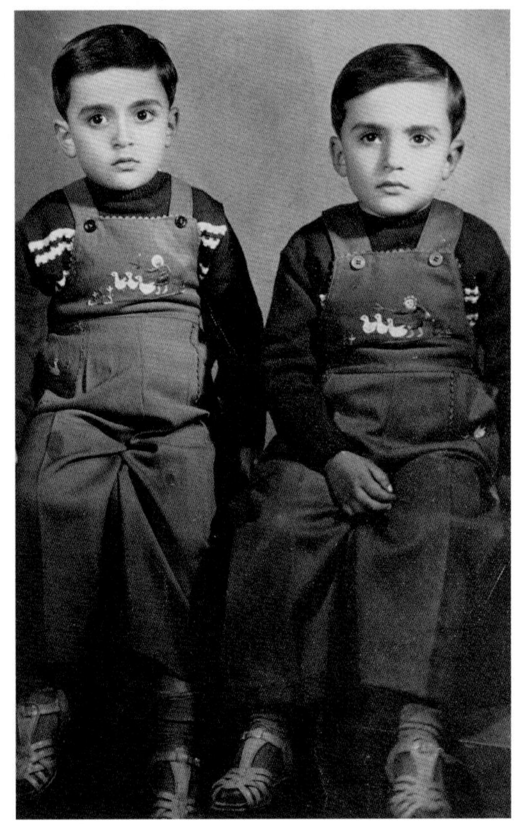

Right / *Droite*
Ahmad Baydoun stands with his brother and co-worker Khaled in their 45-year-old office. Behind them, a photo of their great-grandfather, Mohammad Baydoun, known as the "Sheikh of the Hill", once one of the biggest landlords in north Beirut.
Ahmad Baydoun aux côtés de son frère et collègue Khaled, dans le bureau occupé depuis quarante-cinq ans. Derrière eux, une photographie de leur arrière-grand-père, Mohammad Baydoun, connu sous le nom de « Cheikh de la Colline » et jadis l'un des plus grands propriétaires terriens de la banlieue nord de Beyrouth.

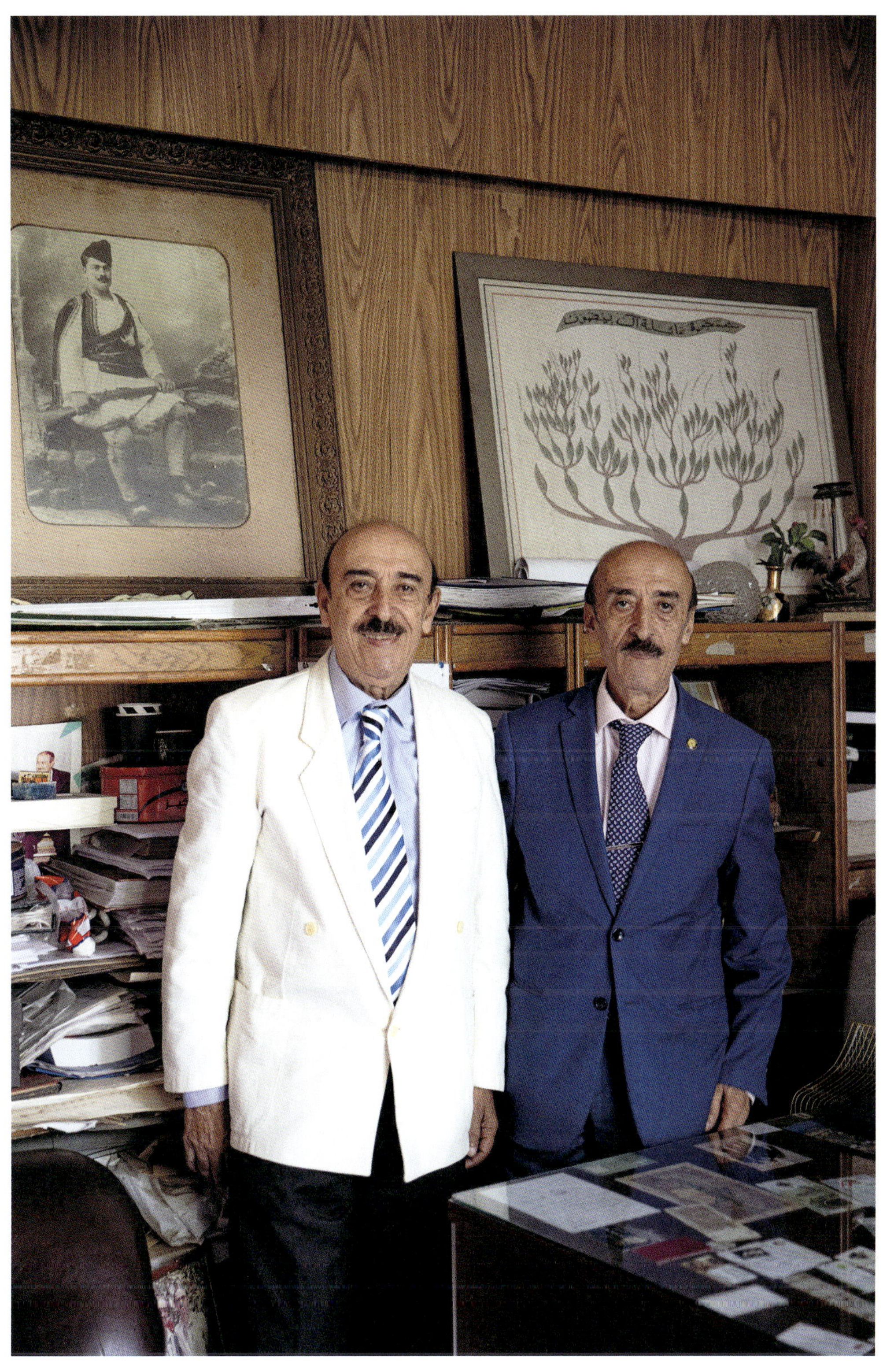

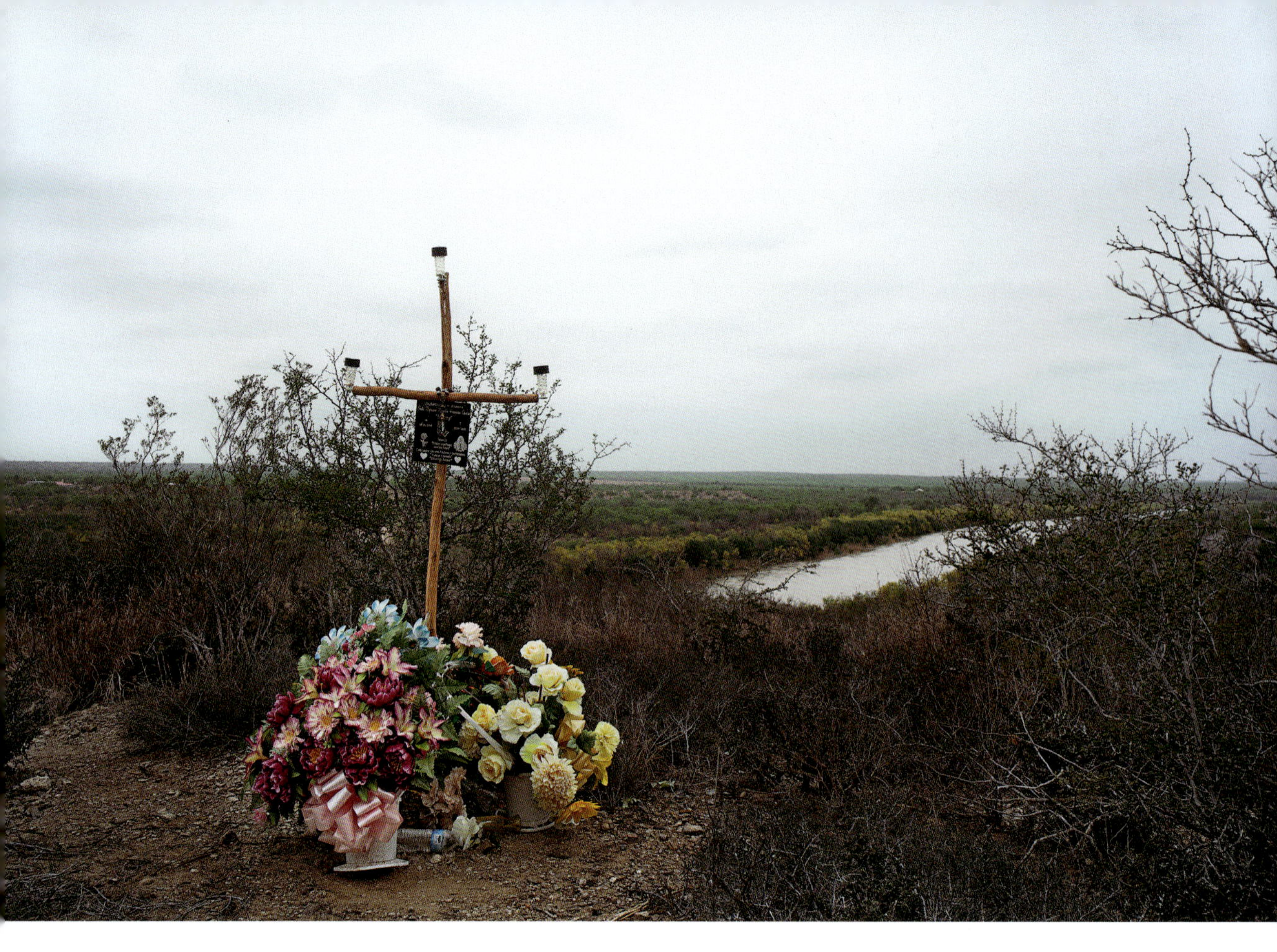

Along the Rio Grande are many sacred sites and many sites of traumas. This memorial is in honor of 19-year-old Myriam Hinojosa Guerra.
De nombreux sites sacrés et lieux de traumatismes bordent le Río Grande, comme ici en mémoire de Myriam Hinojosa Guerra, dix-neuf ans.

GARCIA PASTURE
United States of America

The Esto'k Gna have always held the area known as Garcia Pasture to be sacred. But a lack of federal recognition leaves them with few legal means to protect the site, which faces threats from climate change, gas developers, and more.

Les Esto'k Gna ont toujours considéré sacrée la zone connue sous le nom de « Garcia Pasture » (pâturages Garcia). Cependant, l'absence de reconnaissance fédérale ne leur laisse que peu de moyens juridiques pour protéger le site face aux diverses menaces, comme les changements climatiques et promoteurs gaziers, entre autres.

TAHILA MOSS

is a Water Protector and Land Guardian whose home is in her Yoeme community in Sonora and the Haudenosaunee territory of New York. She is an Indigenous Yoeme and Jewish woman whose work amplifies the voices of Indigenous people and the natural world.

est gardienne de l'eau et des terres dans la communauté Yoeme à Sonora et sur le territoire Haudenosaunee de New York. Yoeme et juive, elle cherche par son travail à faire entendre la voix des peuples autochtones et du vivant.

EACH STEP IS A PRAYER

This project is a story about colonial impositions on Tribal sovereignty and the well-being of the earth's inhabitants. Tribal citizens face restricted access to land controlled by the State of Texas, Texas LNG, and SpaceX. A Starbase rocket launch tower is near a sacred site in Esto'k Gna cosmology. Rocket heat, oil runoff, and heavy traffic pose dangers to the inhabitants of Boca Chica and its wildlife refuge. These are painful violations to a people deeply connected to this land and its ecosystem.

Ce projet raconte comment la souveraineté tribale et le bien-être des habitants est mis à mal par les aspirations colonialistes de l'État du Texas, Texas LNG et SpaceX, qui contrôlent les terres et en restreignent l'accès. Une tour de lancement de fusée Starbase se trouve à proximité d'un site sacré de la culture Esto'k Gna. La chaleur des fusées, les écoulements de pétrole et la circulation dense menacent la faune et les habitants de Boca Chica, une situation douloureuse pour ce peuple profondément attaché à sa terre et à son écosystème.

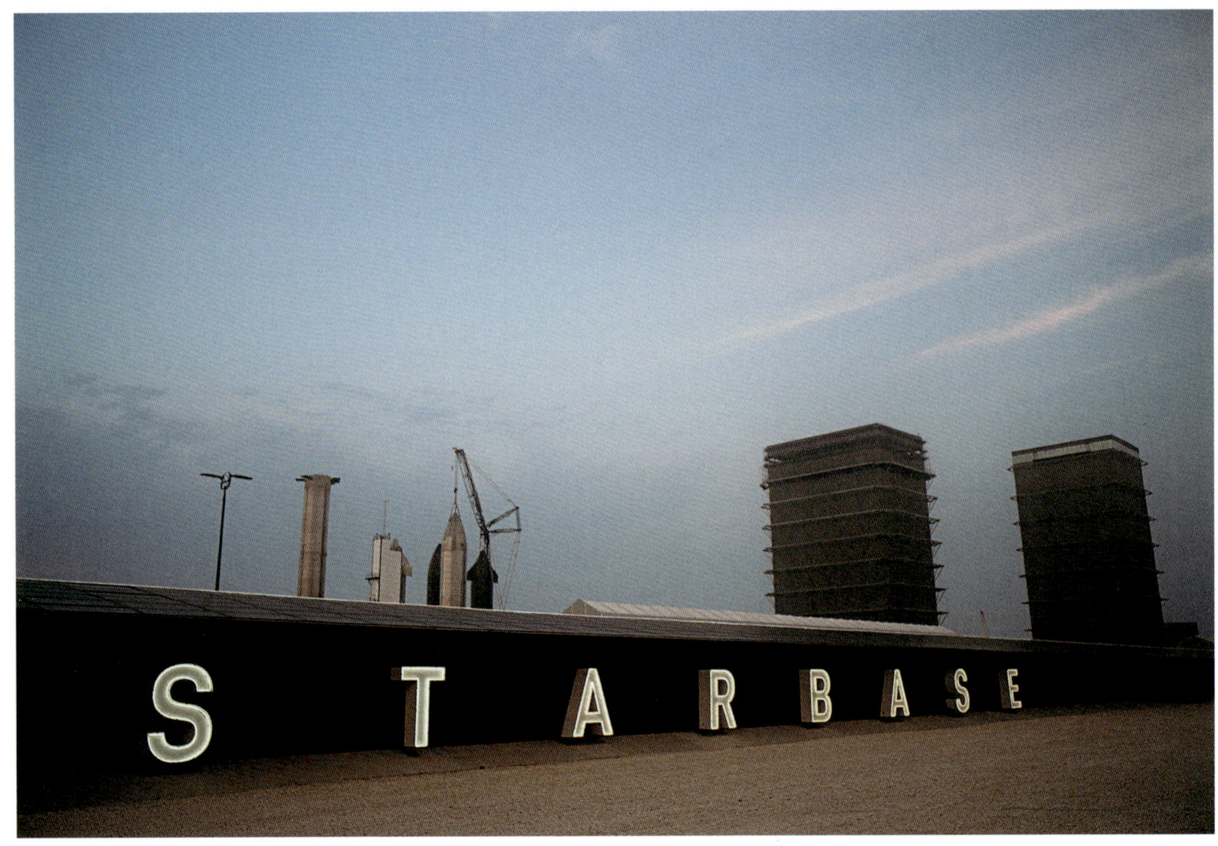

A rocket launch site belonging to SpaceX is located at Garcia Pasture and has sparked Texas LNG's interest in building
in the area. Nearby Boca Chica is the point of creation in the Carrizo-Comecrudo Tribe of Texas (Esto'k Gna) origin story.
An explosion during the first launch charred the eggs of nesting birds. Boca Chica is also where the endangered Kemp's ridley
sea turtle lays its eggs.
Un site de lancement de fusées, appartenant à SpaceX, est situé sur les pâturages Garcia et a attiré Texas LNG, qui s'y est également
installé. Ce lieu se trouve à proximité de Boca Chica, berceau du peuple Esto'k Gna. L'explosion du premier lancement a carbonisé
les œufs des oiseaux nichés au sol. C'est également ici que les tortues de mer de Kemp viennent pondre leurs œufs.

Right / *Droite*
Juan Benito Mancias, chairman of the Esto'k Gna, walks along the shore of Boca Chica, which is today violated by SpaceX.
The great blue heron is one of many birds that live in the area. They are vulnerable to stress from the noise of SpaceX launches
and to potential oil spills and runoff from the site.
Juan Benito Mancias, chef de la tribu Esto'k Gna, se promenant sur le rivage de Boca Chica qui est aujourd'hui menacé
par SpaceX. Le grand héron, l'une des nombreuses espèces qui vivent dans la zone, est particulièrement exposé au bruit émis
par la base de lancement de SpaceX ainsi qu'aux déversements potentiels d'hydrocarbures et d'eaux polluées.

Next page / *Page suivante*
Members of the Tribe occupied this space for a year and a half to block this segment of the border wall between the United States
and Mexico. The wall's construction desecrated historical villages without consideration for their cultural value.
Les membres de la tribu ont occupé cet espace pendant un an et demi pour bloquer une portion du mur frontalier entre les États-Unis
et le Mexique. La construction du mur a profané des villages historiques sans considérer leur valeur culturelle.

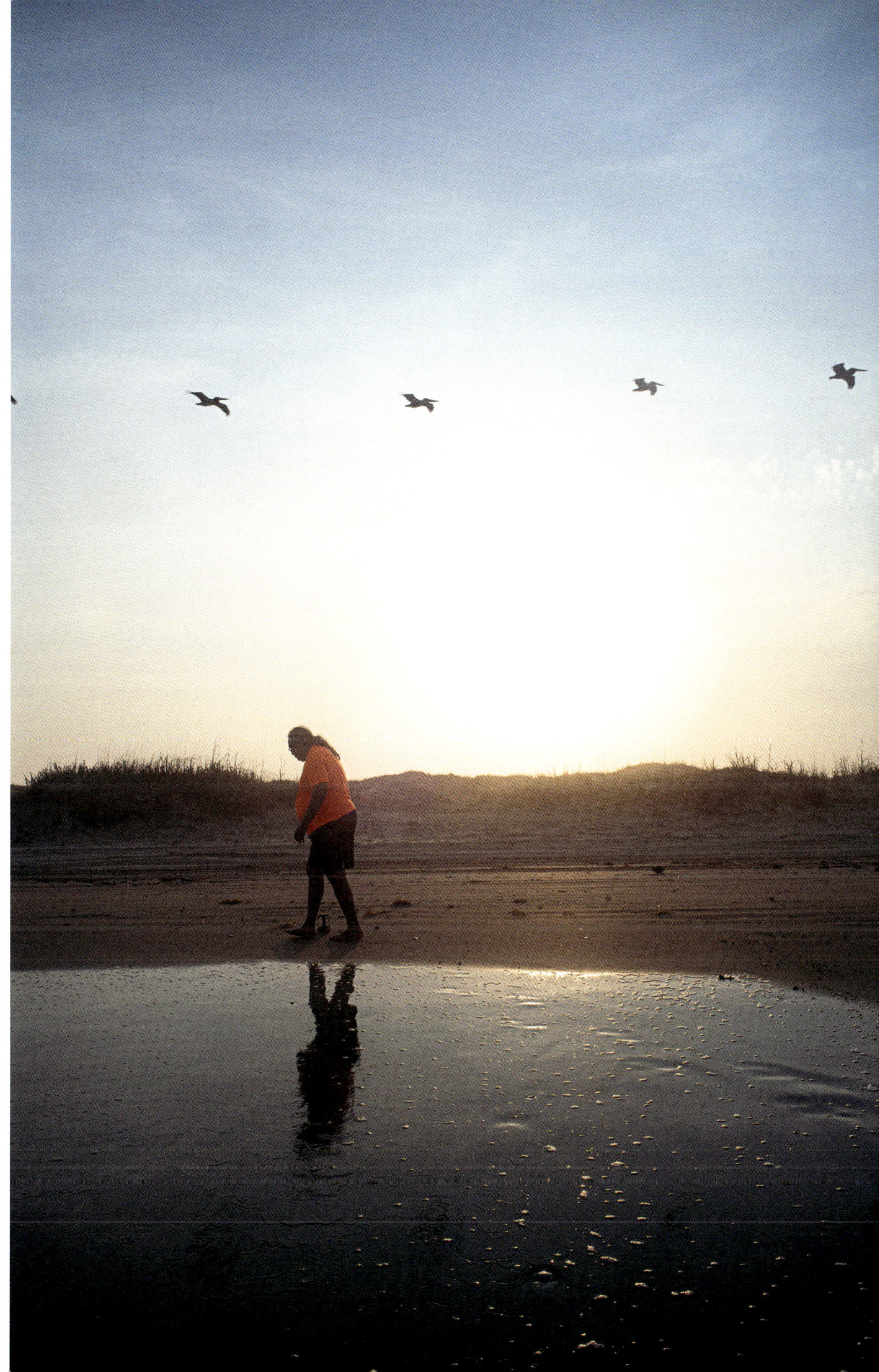

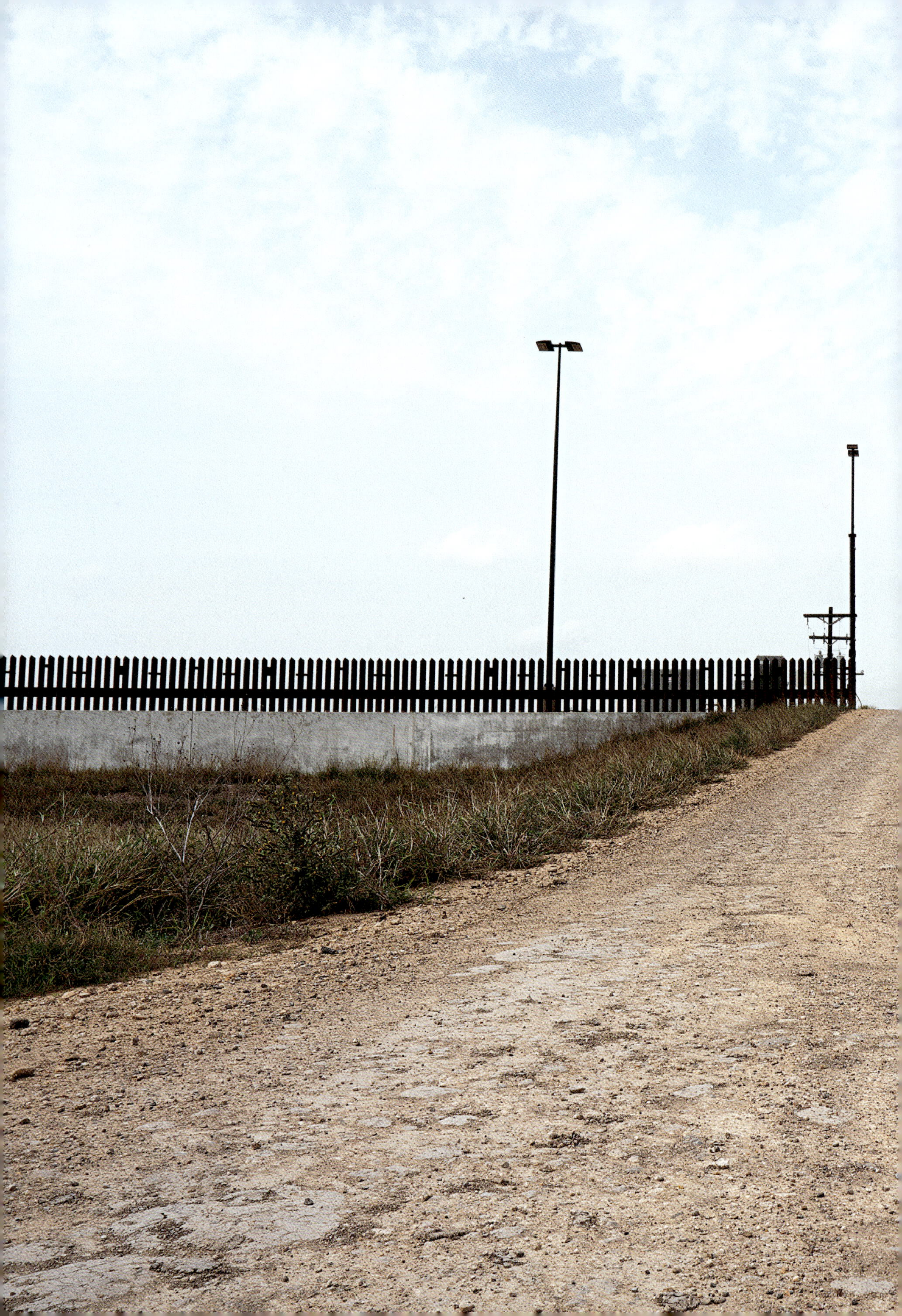

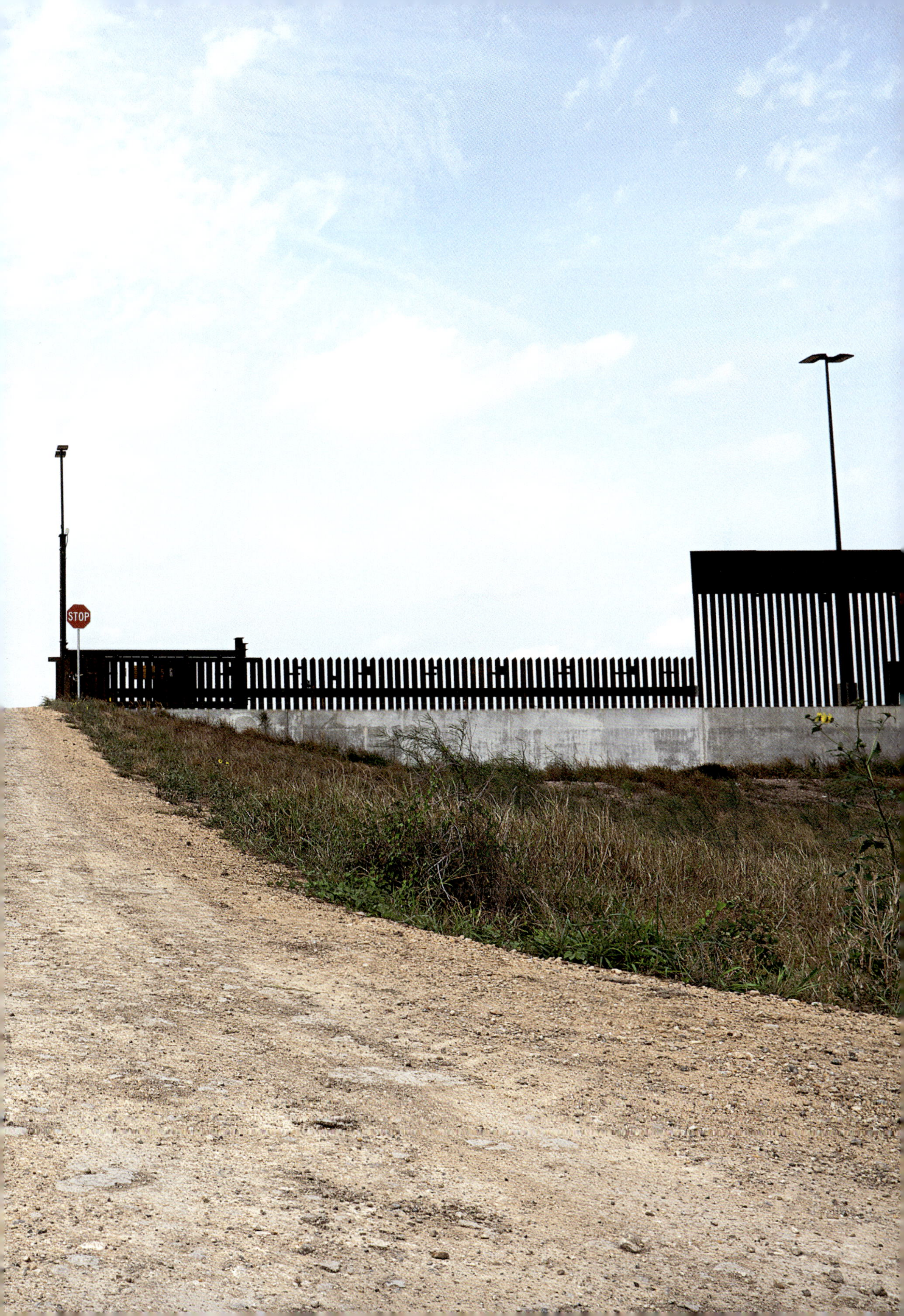
STOP

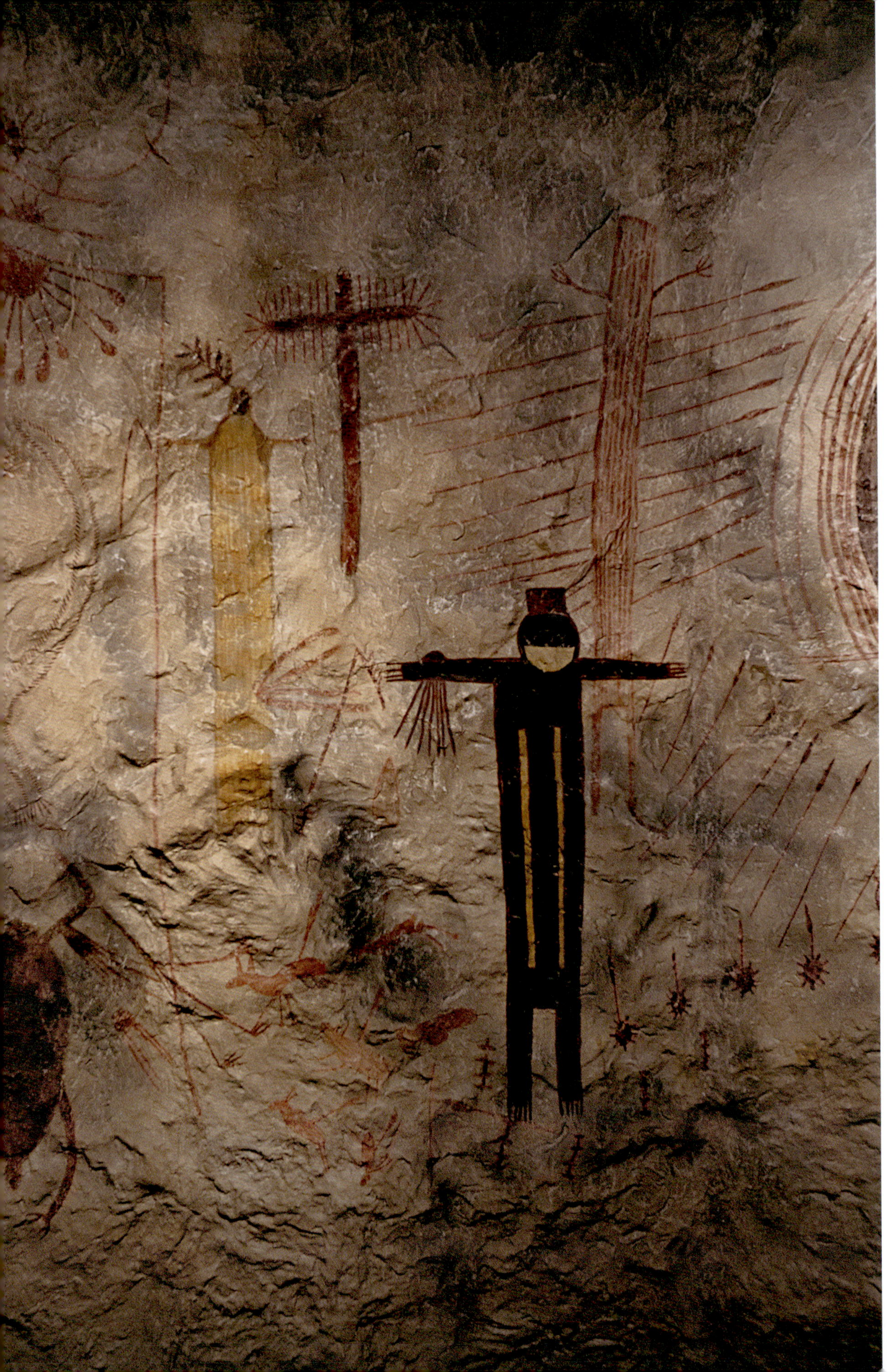

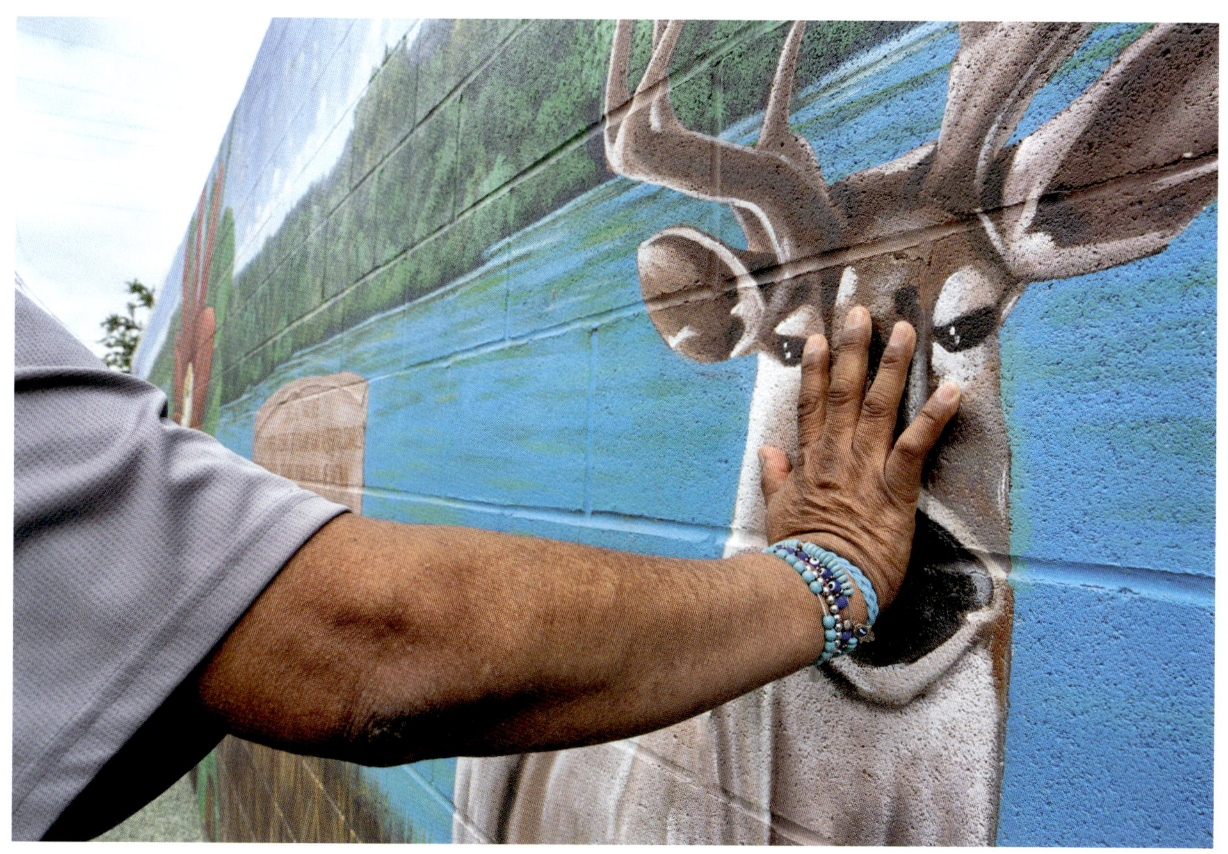

Reproduction of petroglyphs in the welcome center of Seminole Canyon. Juan Mancias educates site guides on the meaning of the paintings, which hold many teachings and prophecies for the Esto'k Gna. The depiction of *kuampi* monsters is now interpreted as prophecies of the radio towers, cranes, and power lines to come.
Reproduction de pétroglyphes dans le centre d'accueil de Seminole Canyon. Juan Mancias enseigne aux guides la signification des peintures, qui recèlent des messages cachés et des prophéties. Les représentations des monstres Kuampi sont aujourd'hui considérées comme la prédiction des tours de contrôle, des grues et des lignes électriques.

Right / *Droite*
Juan Mancias places his hand on the center of a deer head while sharing about the Tribe's relationship to the animal.
Juan Mancias place sa main sur la tête d'un cerf, tout en racontant le lien qui unit la tribu à l'animal.

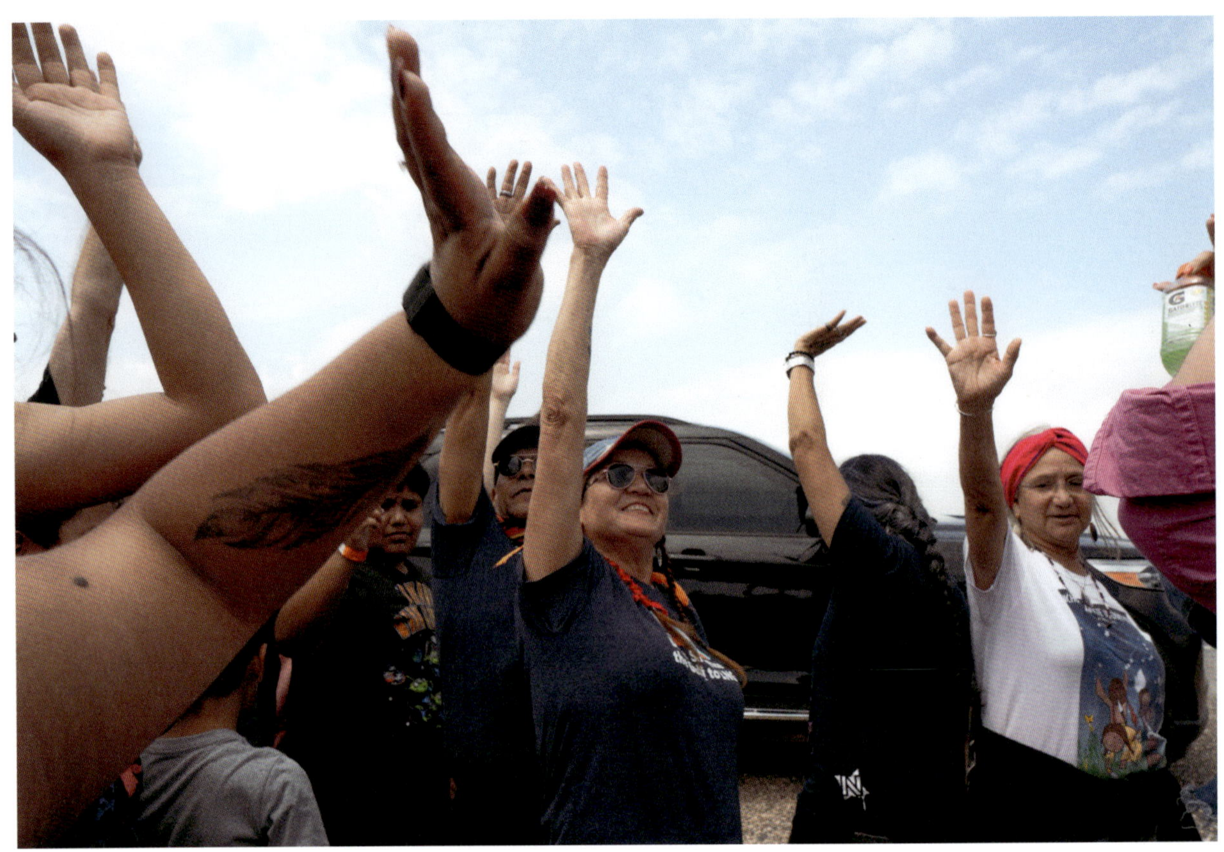

Left / *Gauche*

The Carrizo-Comecrudo Tribe of Texas hosted a youth ancestral run, Bridge to the Ancestors, from the Permian Basin to Boca Chica in March of 2023. The run followed a path through their lands, which they call Somi S'ek, honoring sacred sites, bringing awareness to the destruction of the lands and sharing tribal history and stories between generations. The walk concluded at the front gate of Garcia Pasture. Each step was a prayer.

La tribu Carrizo-Comecrudo, au Texas, a organisé une course en mars 2023, « Bridge to the Ancestors », dont le tracé, appelé « Somi S'ek », suivait le bassin permien pour s'achever à Boca Chica, en traversant leurs terres. Le but était d'honorer les sites sacrés et de transmettre l'histoire tribale des aînés, tout en sensibilisant les gens à la pollution des terres par le pétrole, le gaz et les produits pétrochimiques. La marche s'est achevée à la lisière des pâturages Garcia. Chaque pas était une prière dans ce voyage intergénérationnel.

Right / *Droite*

Jasilyn Charger joins from Cheyenne River. She is a Runner for Peace, a youth group that has been running to bring awareness to many injustices against Indigenous peoples, lands and waters since the standoff at Standing Rock in 2016. The red handprint on her face symbolizes the solidarity with the Missing and Murdered Indigenous relatives and the fight to end the violence.

Jasilyn Charger est originaire de Cheyenne River. Elle fait partie de « Runner for Peace », un groupe de jeunes qui courent pour alerter l'opinion publique sur les multiples injustices commises à l'encontre des terres, des eaux et des peuples amérindiens depuis l'affrontement de Standing Rock en 2016. La main rouge sur son visage symbolise la solidarité avec les femmes victimes et les disparues, ainsi que la lutte pour mettre fin à la violence.

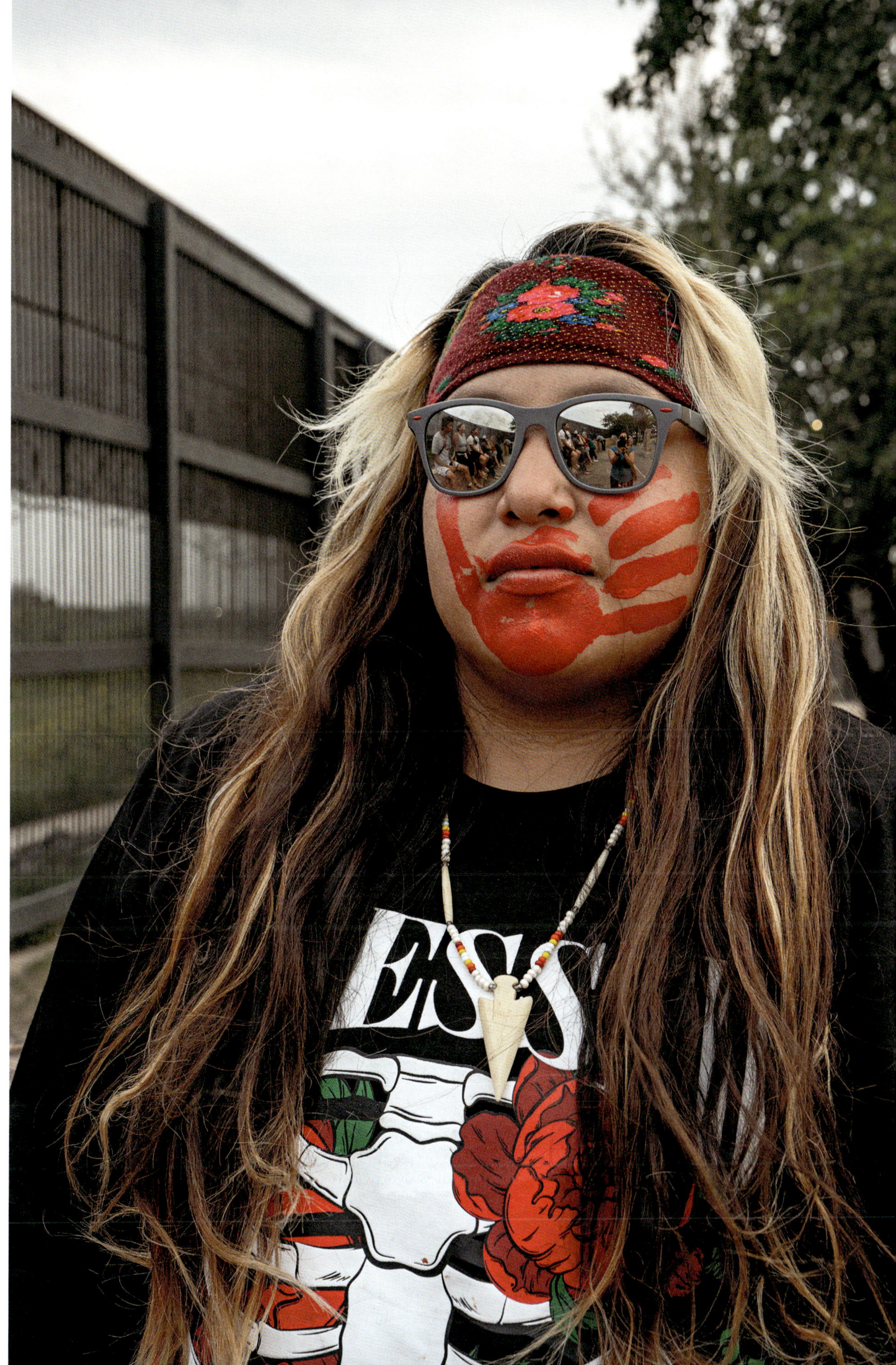

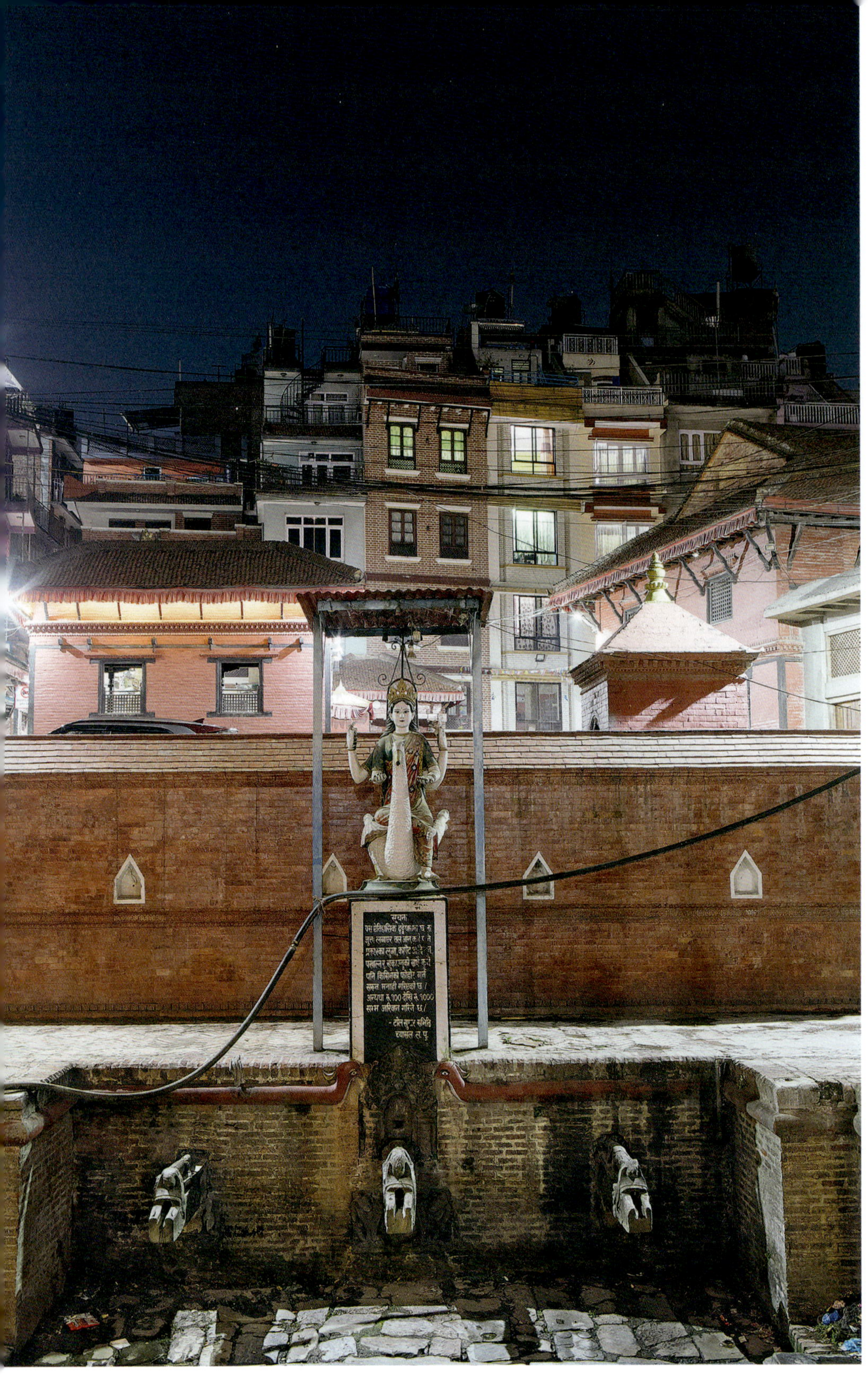

Chyasa Hiti, Chyasa.
Chyasa Hiti, Chyasa.

HITIS
Nepal

Ornate traditional water fountains have long been a lifeline for residents of the Kathmandu Valley. As climate change disrupts the modern piped water supply, revitalizing these traditional fountains can provide a solution to critical shortages.

Ces fontaines traditionnelles ornementées ont longtemps été une ressource vitale pour les habitants de la vallée de Katmandou. Leur revitalisation peut aujourd'hui offrir une solution aux graves problèmes du système moderne d'approvisionnement en eau courante, accentués par les changements climatiques.

PRASIIT STHAPIT

is a visual storyteller based in Kathmandu. In 2016, he was the recipient of the Magnum Foundation Emergency Fund Grant and was selected for the World Press Photo Joop Swart Masterclass.
est un photographe basé à Katmandou. En 2016, il a été lauréat de la bourse Magnum Foundation Emergency Fund Grant et sélectionné pour le World Press Photo Joop Swart Masterclass.

SHRISTI SHRESTHA

is an artist based in Kathmandu. Her work explores ideas of place, memory, and nostalgia.
est une artiste basée à Katmandou. Son travail aborde les espaces, la mémoire et la nostalgie.

BLESSINGS OF APPARITIONS UNDERGROUND

This series underscores the need to preserve communal resources in a changing world. Many *hitis* are adorned with *yakshas,* mythical creatures said to grant water passage through the fountain. At a time when unmanaged urbanization has caused over half of all hitis to run dry, these photos ask whether the yaksha's blessings endure.
Cette série illustre la nécessité de préserver les ressources traditionnelles dans un monde en mutation. De nombreux hitis sont ornés de yakshas, créatures mythiques assurant le passage de l'eau à la fontaine. Alors que l'urbanisation incontrôlée a asséché plus de la moitié des hitis, ces photos interrogent la pérennité de la bénédiction du yaksha aujourd'hui.

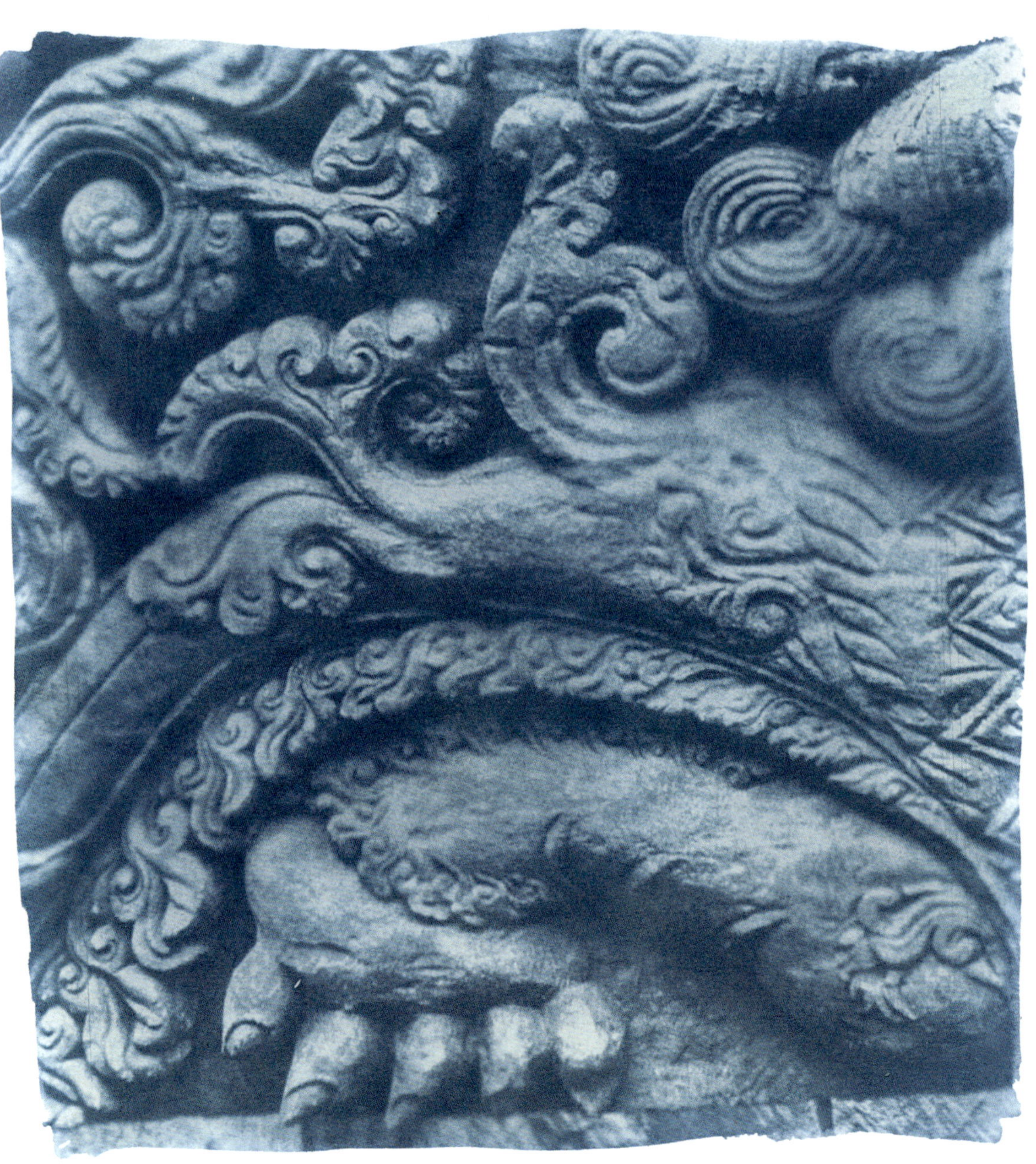

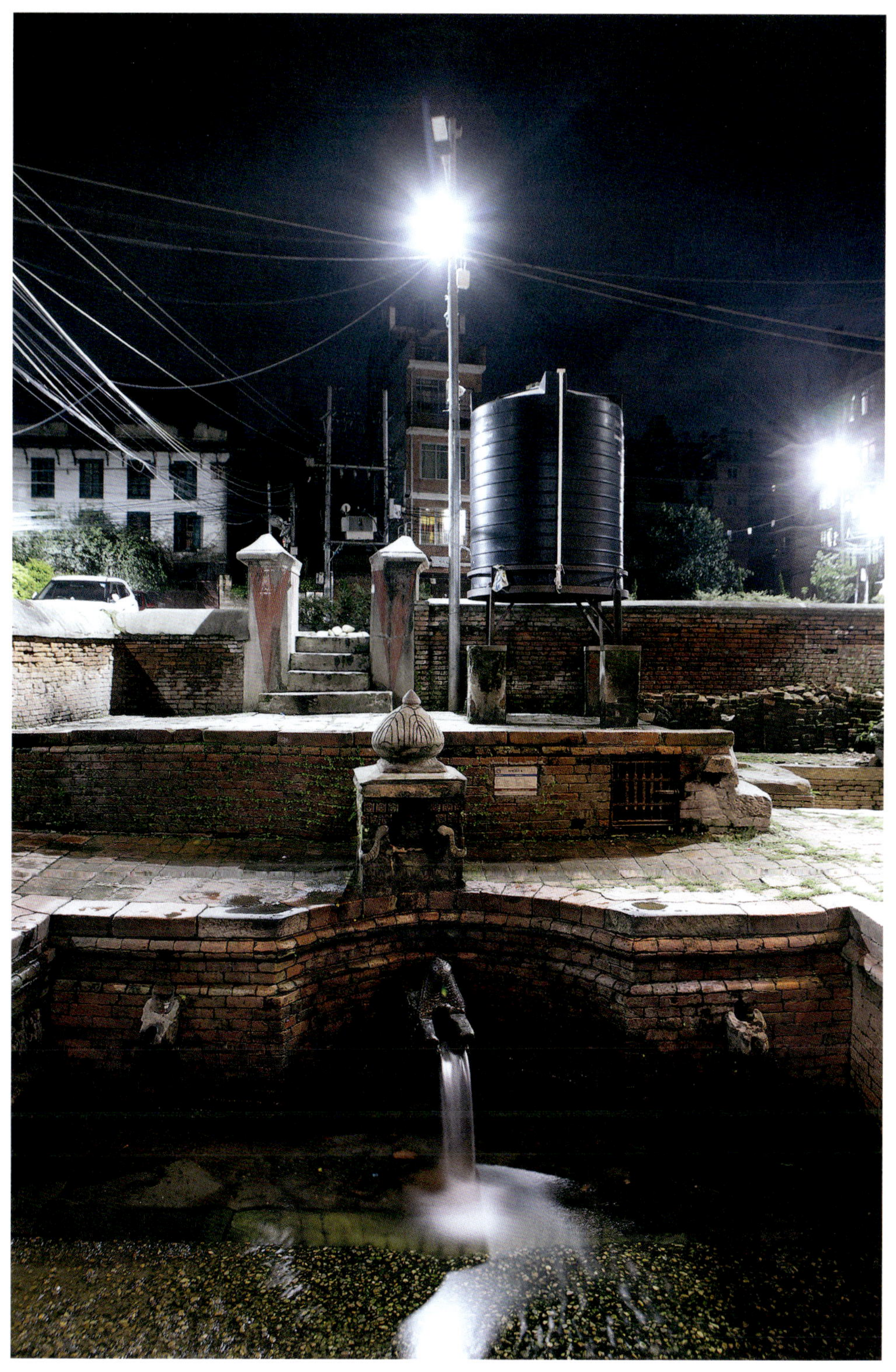

Tapa Hiti in the neighborhood of Tapahiti.
Tapa Hiti dans le quartier de Tapahiti.

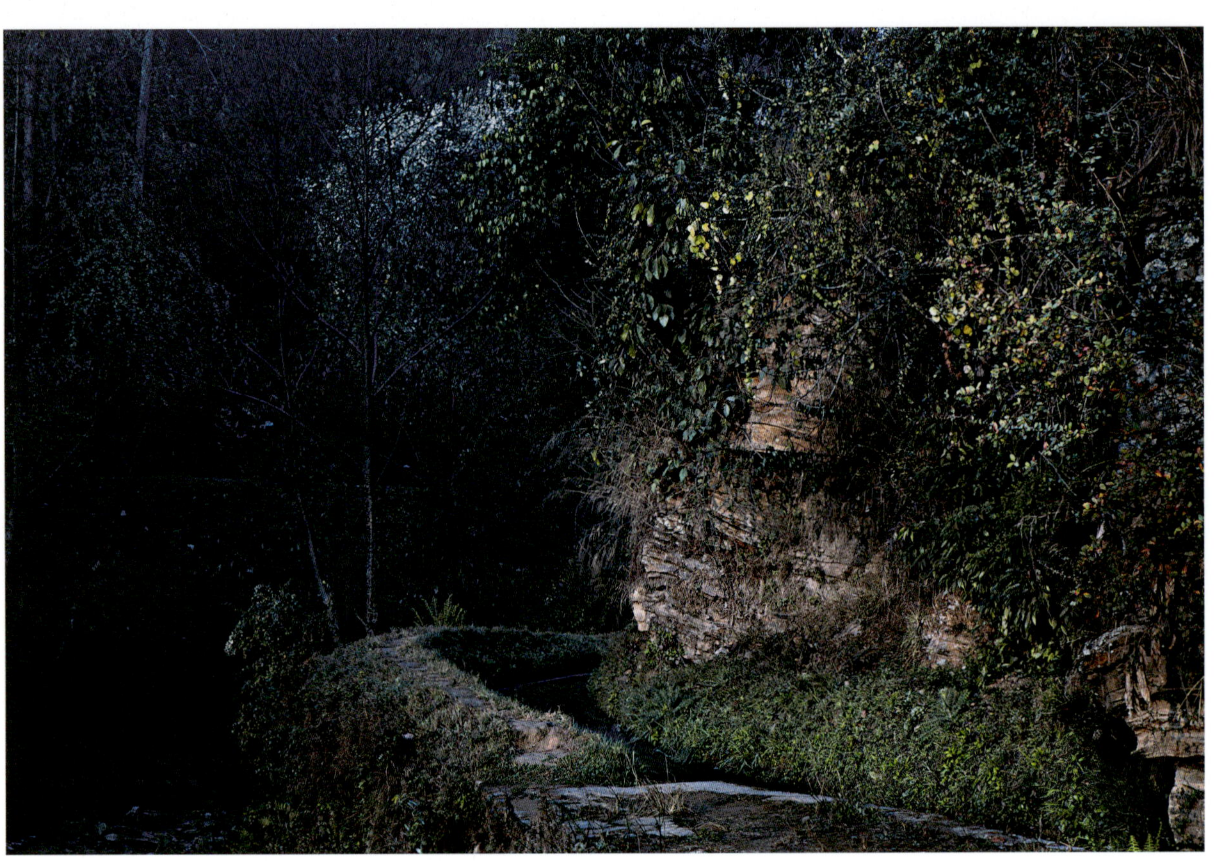

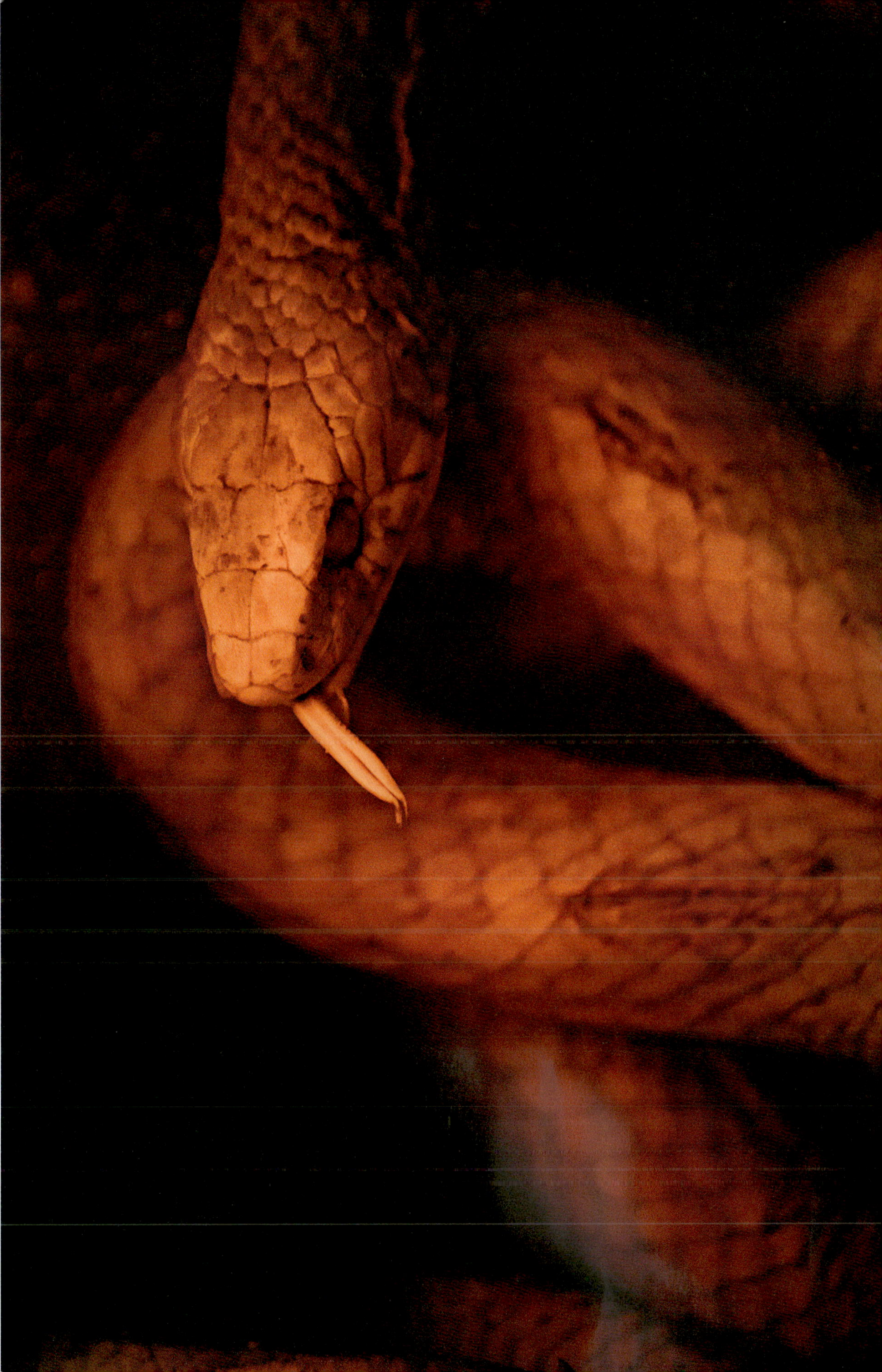

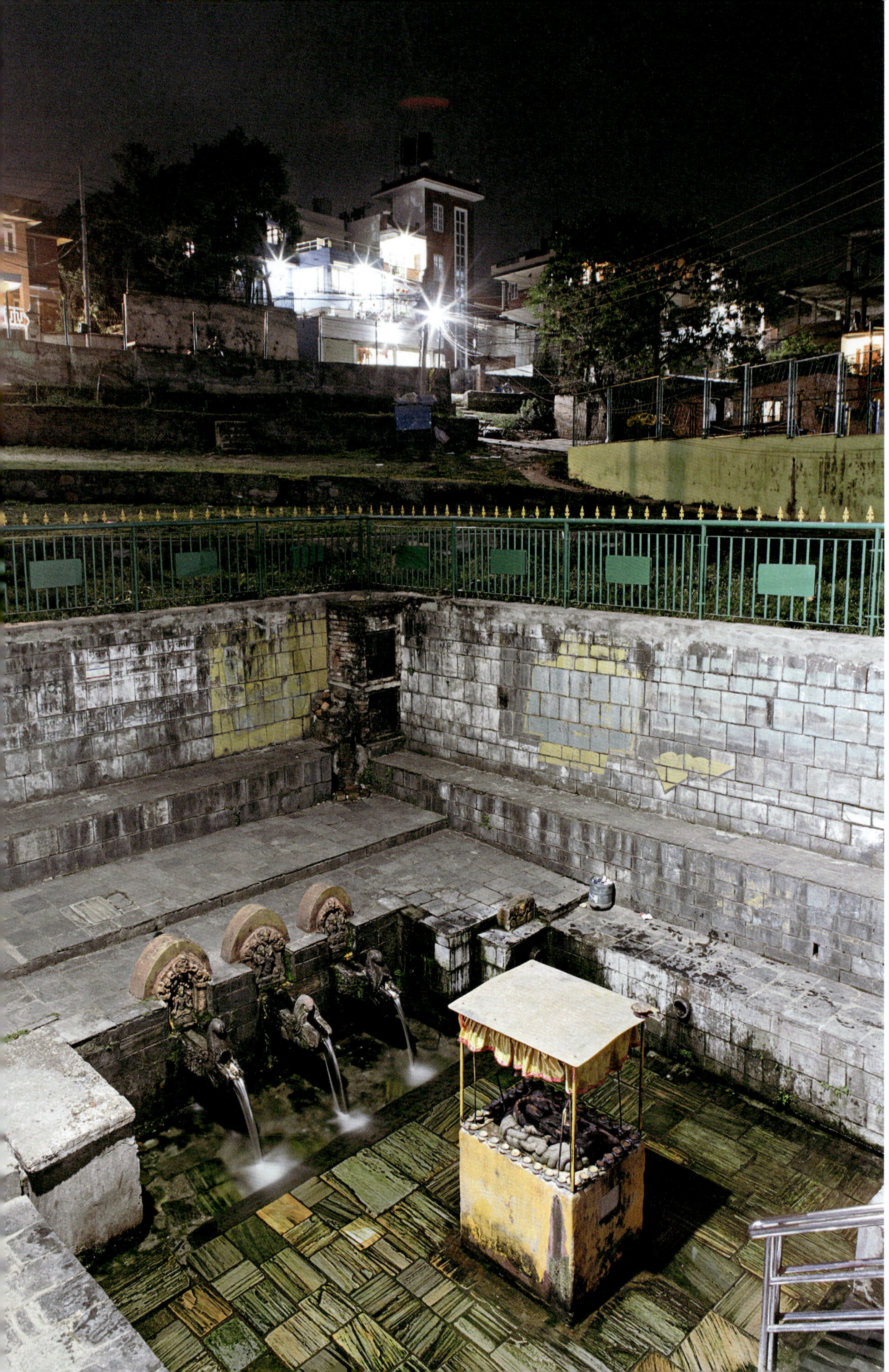

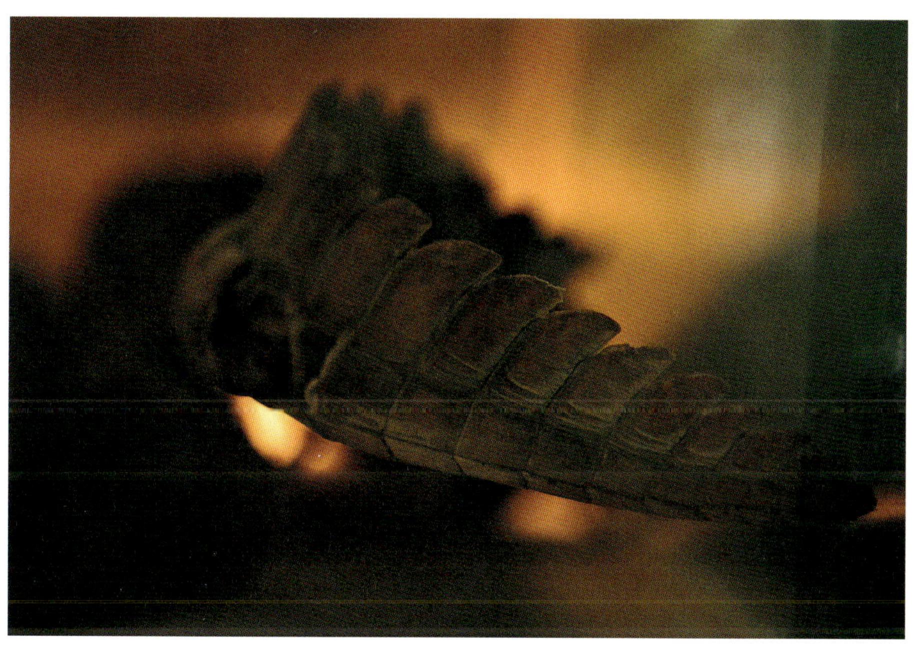

Left / Gauche
Iku Hiti, Dhobighat.
Iku Hiti, Dhobighat.

Next page / Page suivante
Carving of a yaksha on Chyasa Hiti, Chyasa.
Sculpture d'un yaksha sur Chyasa Hiti, Chyasa.

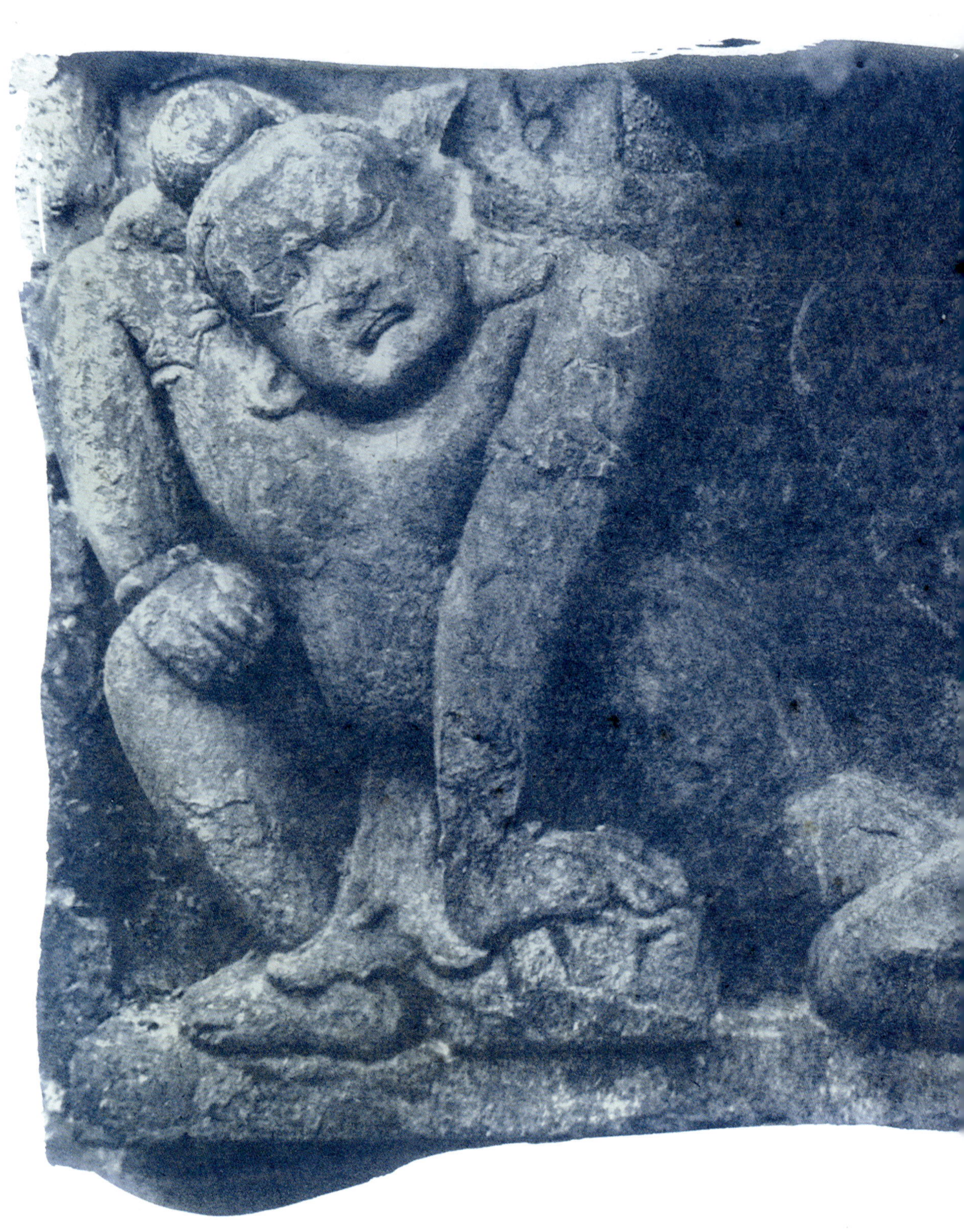

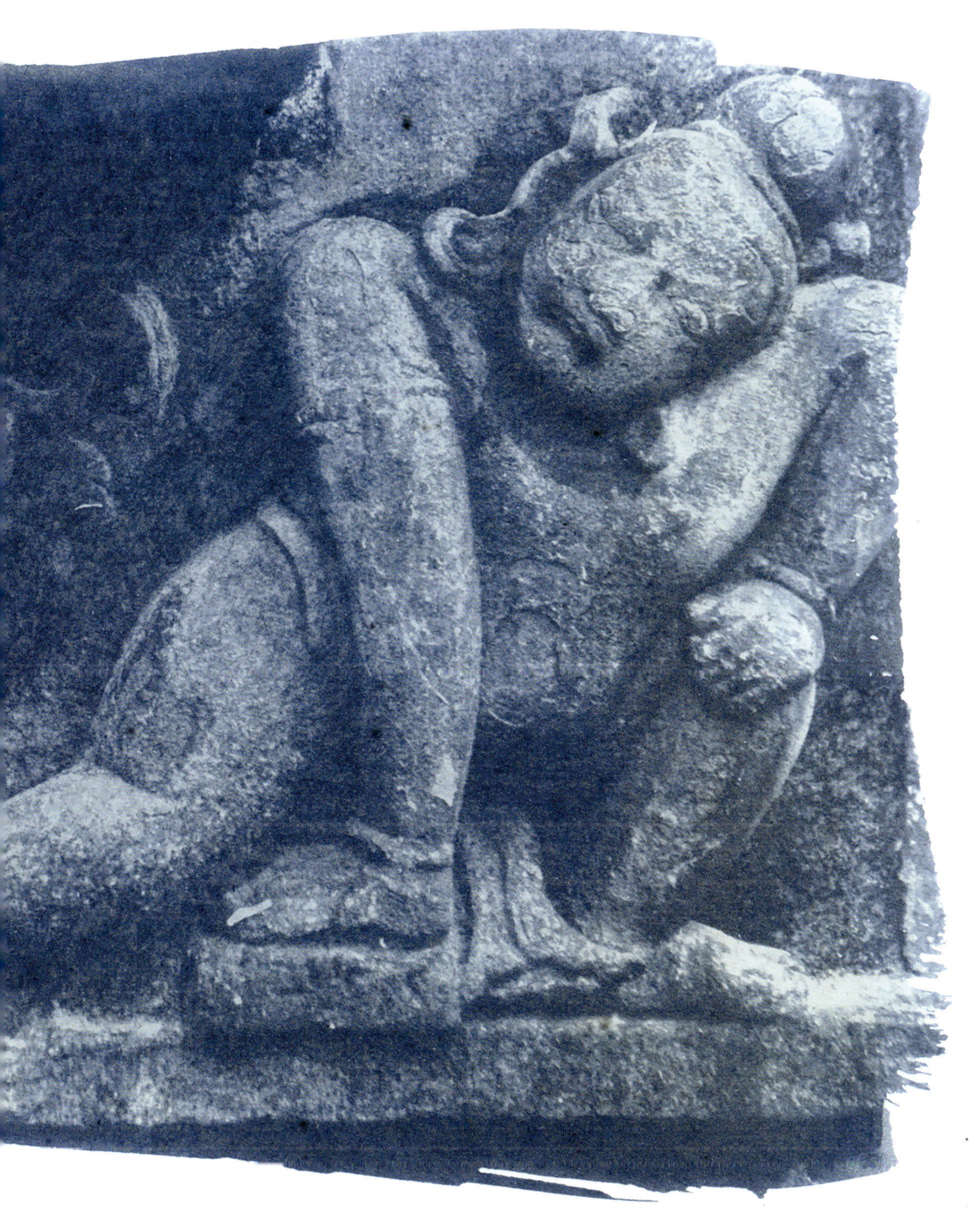

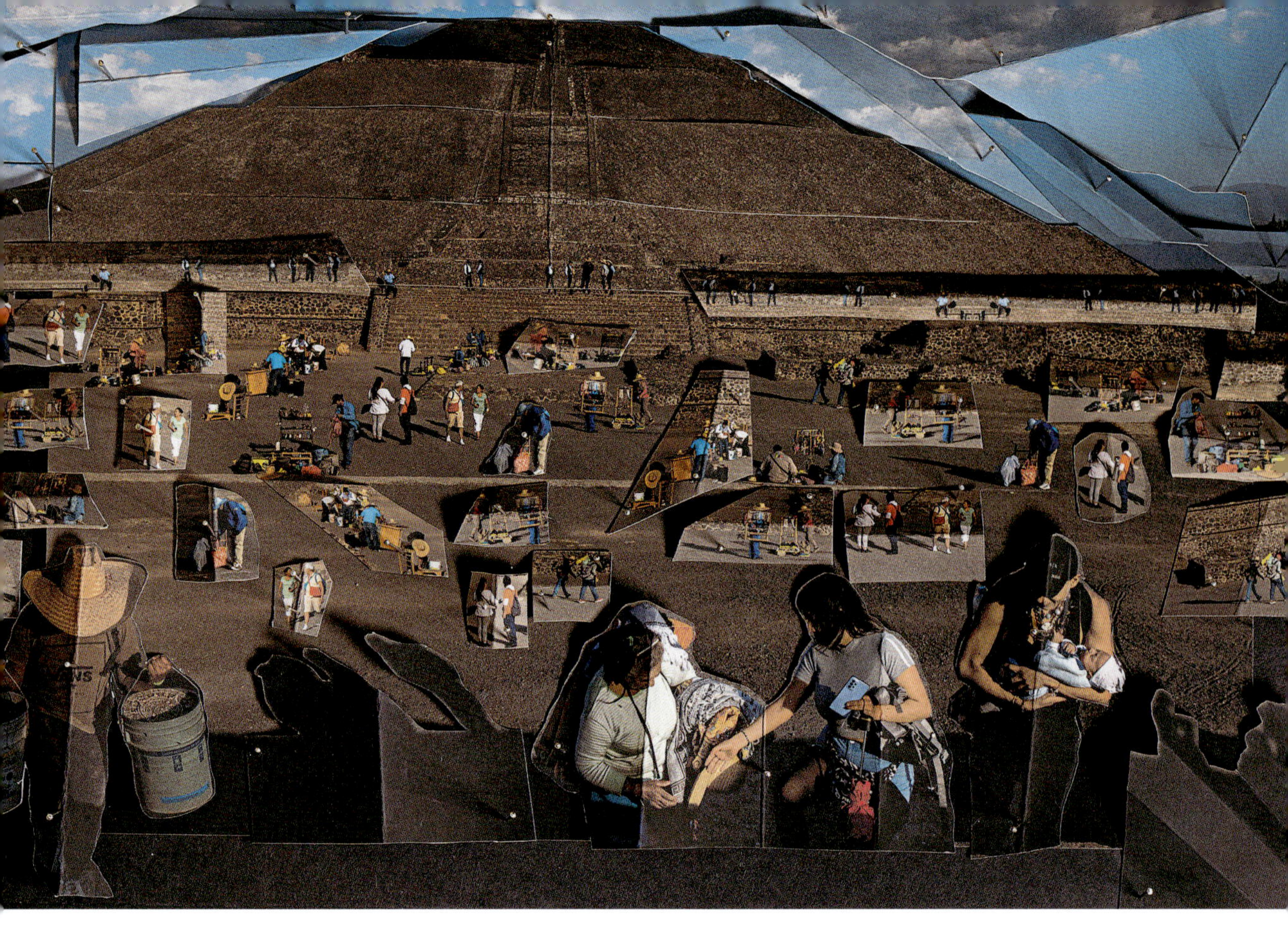

Families visiting the pyramids of Teotihuacan. Intervened photography.
Familles visitant les pyramides de Teotihuacán. Photographie retravaillée.

Next page / *Page suivante*
A dancer performs a ritual in the Pyramid of the Sun. Intervened photography.
Danse rituelle devant la pyramide du Soleil. Photographie retravaillée.

TEOTIHUACAN
Mexico

This extraordinary Mesoamerican city flourished for nearly a millennium, leaving behind a rich material legacy. But even as it draws millions of tourists each year, surrounding communities have been shut out, unable to benefit economically from their heritage.

Cette extraordinaire cité méso-américaine a prospéré pendant près d'un millénaire, léguant au monde un riche patrimoine. Si elle attire des millions de touristes chaque année, les populations locales environnantes ont été écartées des retombées économiques de leur patrimoine.

YAEL MARTÍNEZ

is a photographer whose work addresses fractured communities in his native Mexico. His photographs have appeared in *The Wall Street Journal, Time, The New York Times Lens Blog,* and elsewhere. He is a member of Magnum Photos.
Le travail de Yael Martínez porte sur les fractures sociales de son pays d'origine, le Mexique. Son travail a été publié dans The Wall Street Journal, Time, New York Times Lens, *et bien d'autres. Il est membre de Magnum Photos.*

MIXCOATL: CLOUD SERPENT

Taking its name from a Mesoamerican god, this series both reflects on history and questions how we inhabit our present. Teotihuacan is a point of pride for the people of Mexico—a sacred site where life and death, past and future are intertwined through sacrifices. Layered photographs represent the layers of time, stones, and structures that have shaped us today.
Portant le nom d'un dieu méso-américain, cette série est à la fois une réflexion sur le passé et une interrogation sur la façon dont nous habitons notre présent. Teotihuacán est une source de fierté pour les Mexicains : un site sacré où la vie et la mort, le passé et l'avenir, s'entremêlent par le biais de sacrifices. La superposition des photographies évoque celle des différentes couches de temps, de pierres et de structures qui nous ont façonnés aujourd'hui.

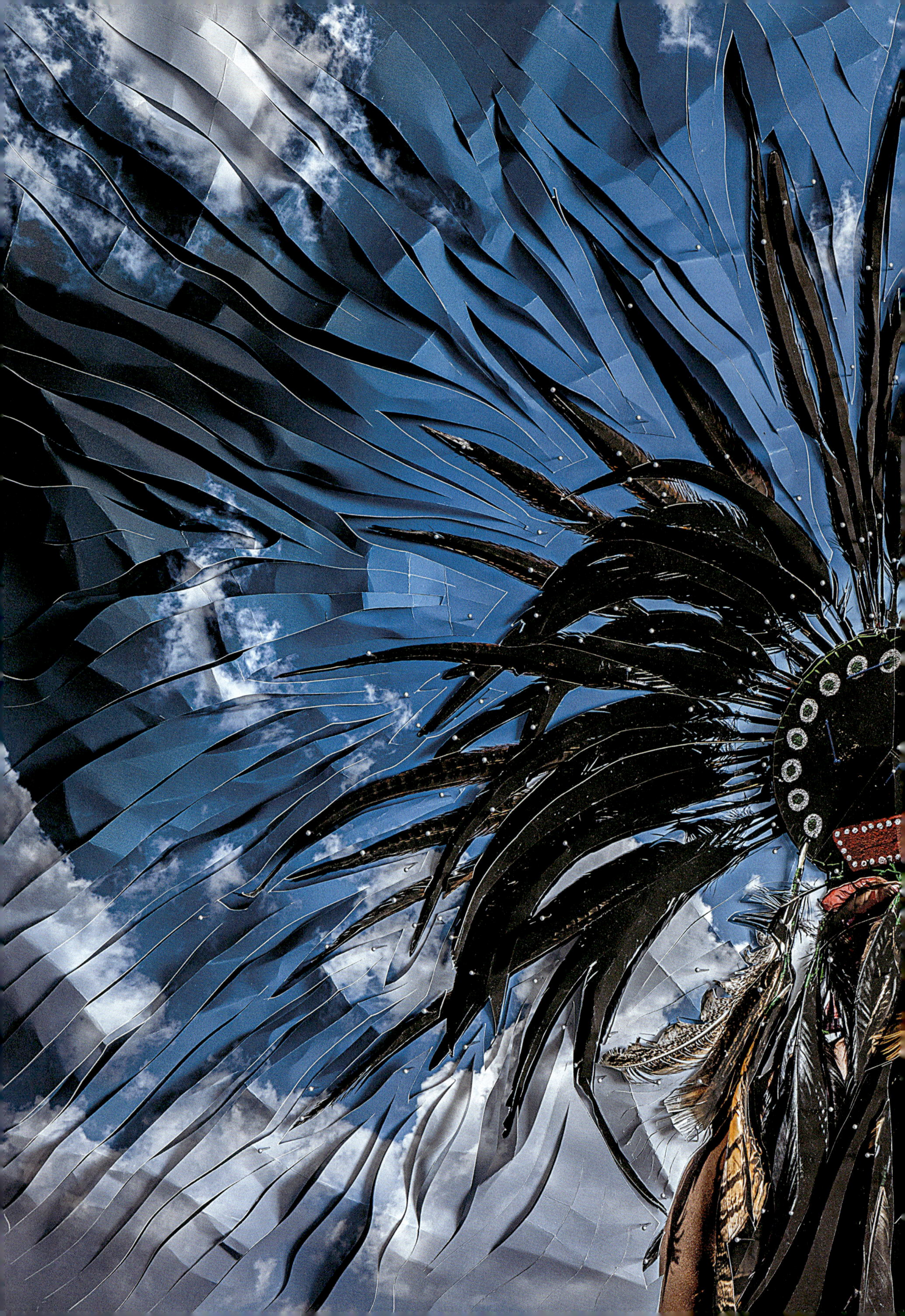

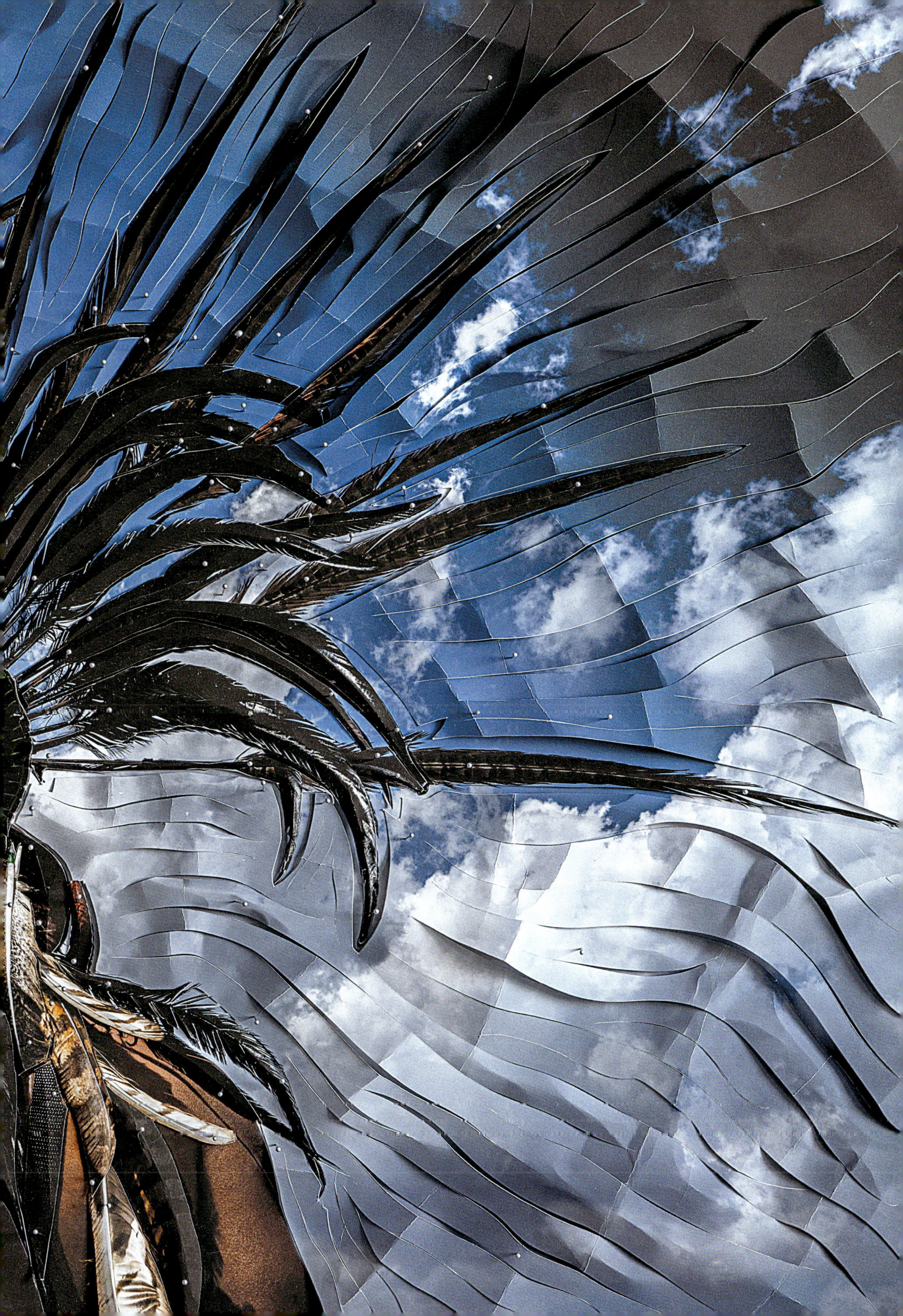

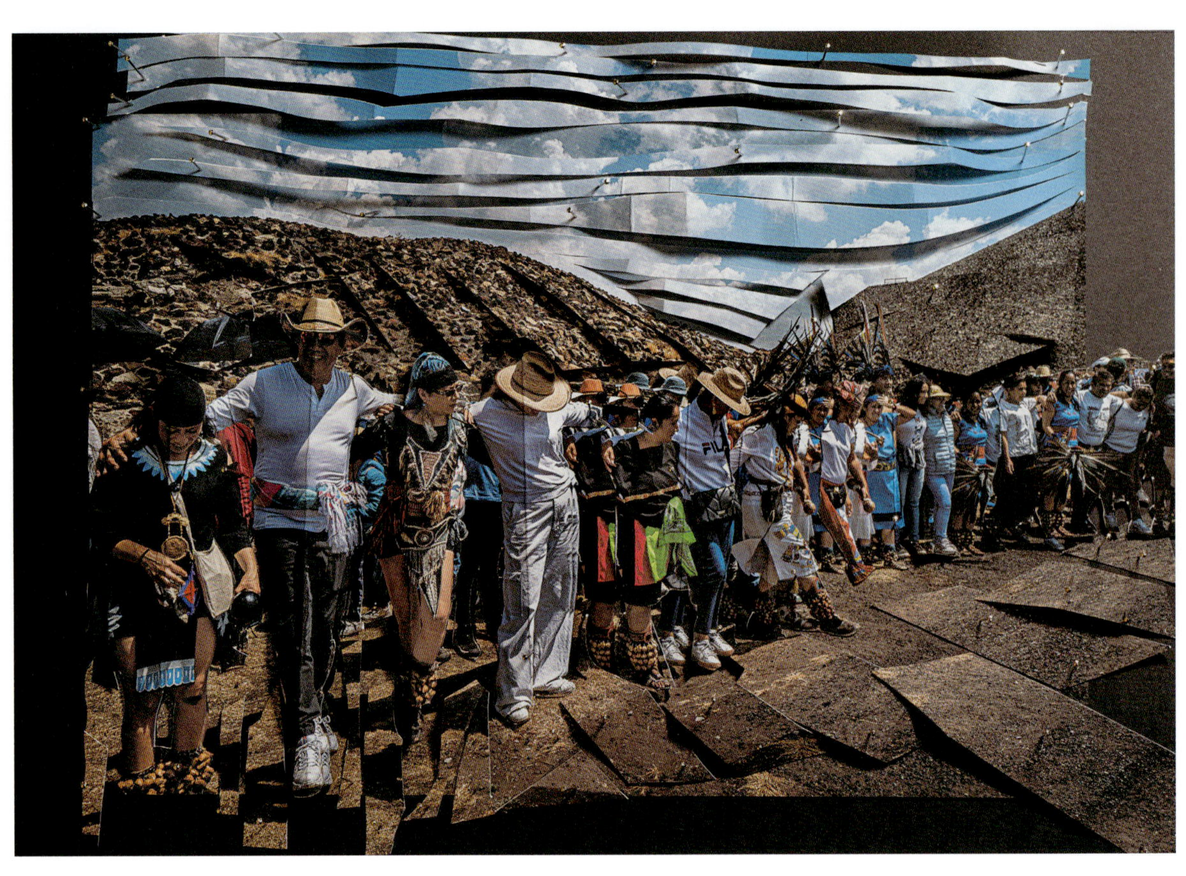

People performing a dance for the spring equinox at the Pyramid of the Sun. Intervened photography.
Danse à l'équinoxe de printemps devant la pyramide du Soleil. Photographie retravaillée.

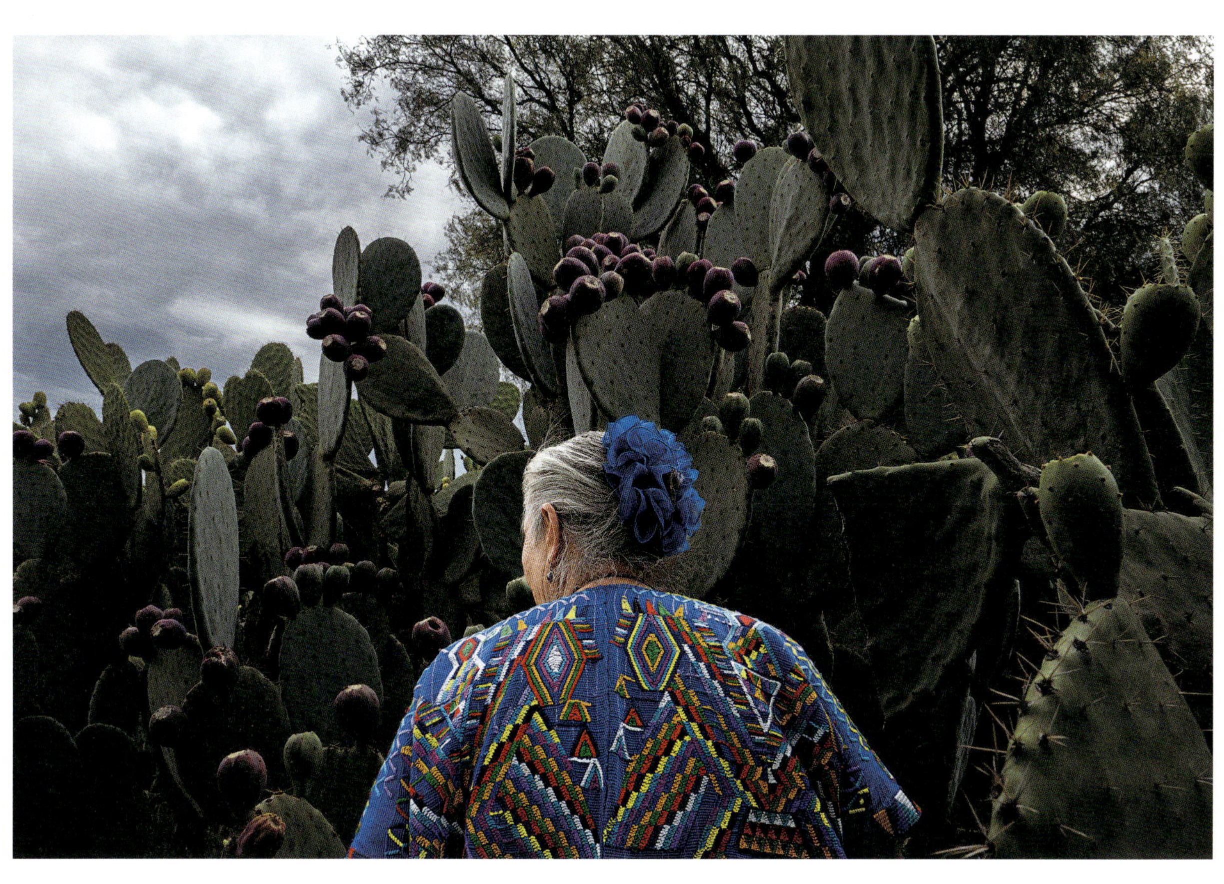

Portrait of Doña Emma, a social activist from the community of Teotihuacan.
Portrait de Doña Emma, militante de la communauté des abords de Teotihuacán.

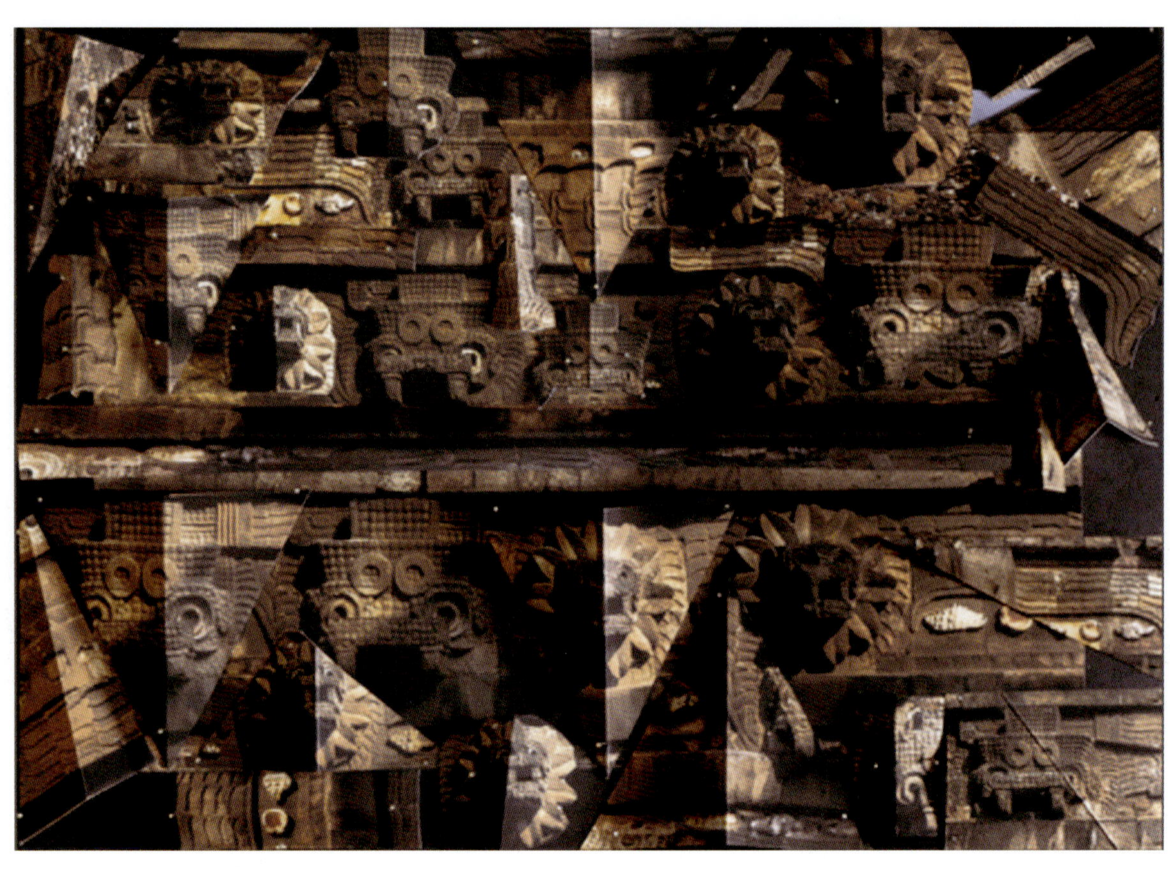

Pyramid of the Feathered Serpent. Intervened photography.
Pyramide du Serpent à plumes. Photographie retravaillée.

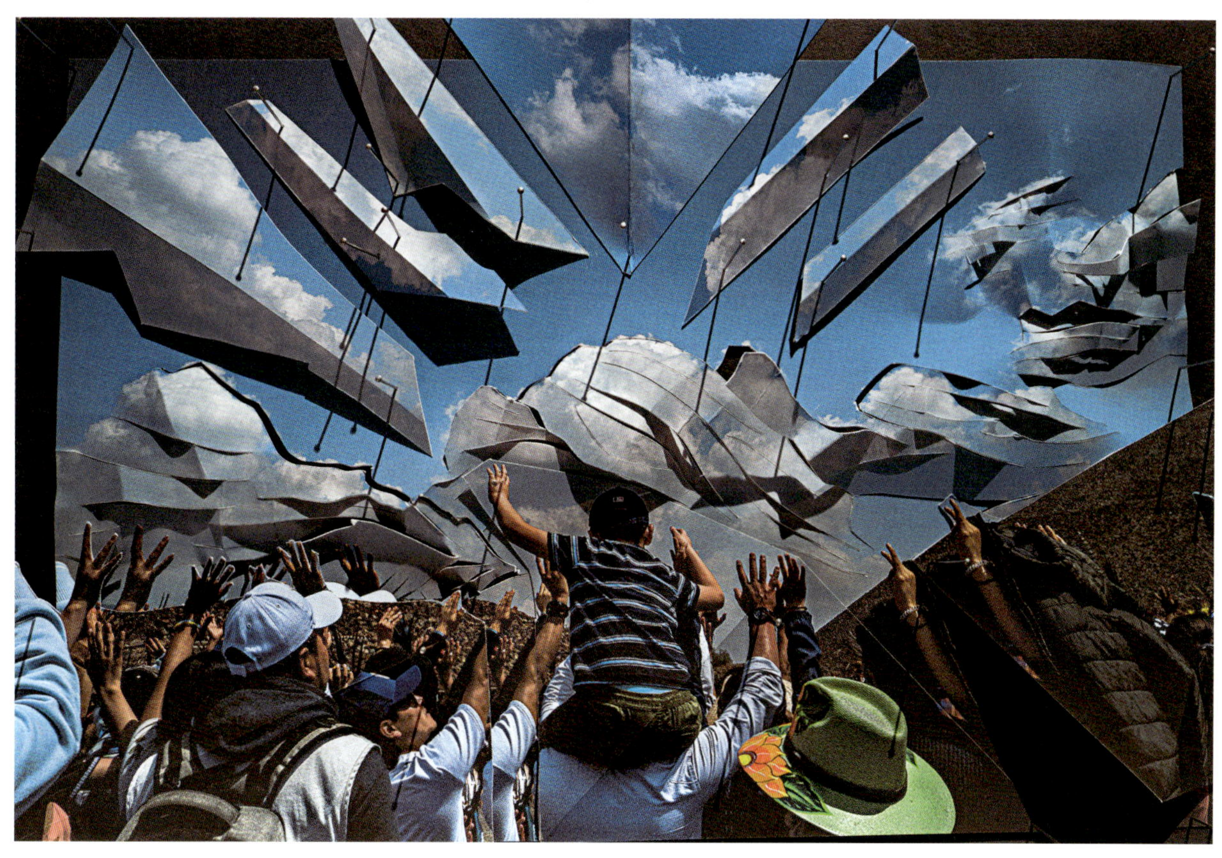

People at the foot of a temple. Intervened photography.
Foule au pied d'un temple. Photographie retravaillée.

Next page / *Page suivante*
The archaeological zone of Teotihuacan is a major destination for hot air ballooning,
generating a significant economic impact. Intervened photography.
*La zone archéologique de Teotihuacán est devenue une destination prisée par les montgolfières,
ce qui génère un fort impact économique sur la région. Photographie retravaillée.*

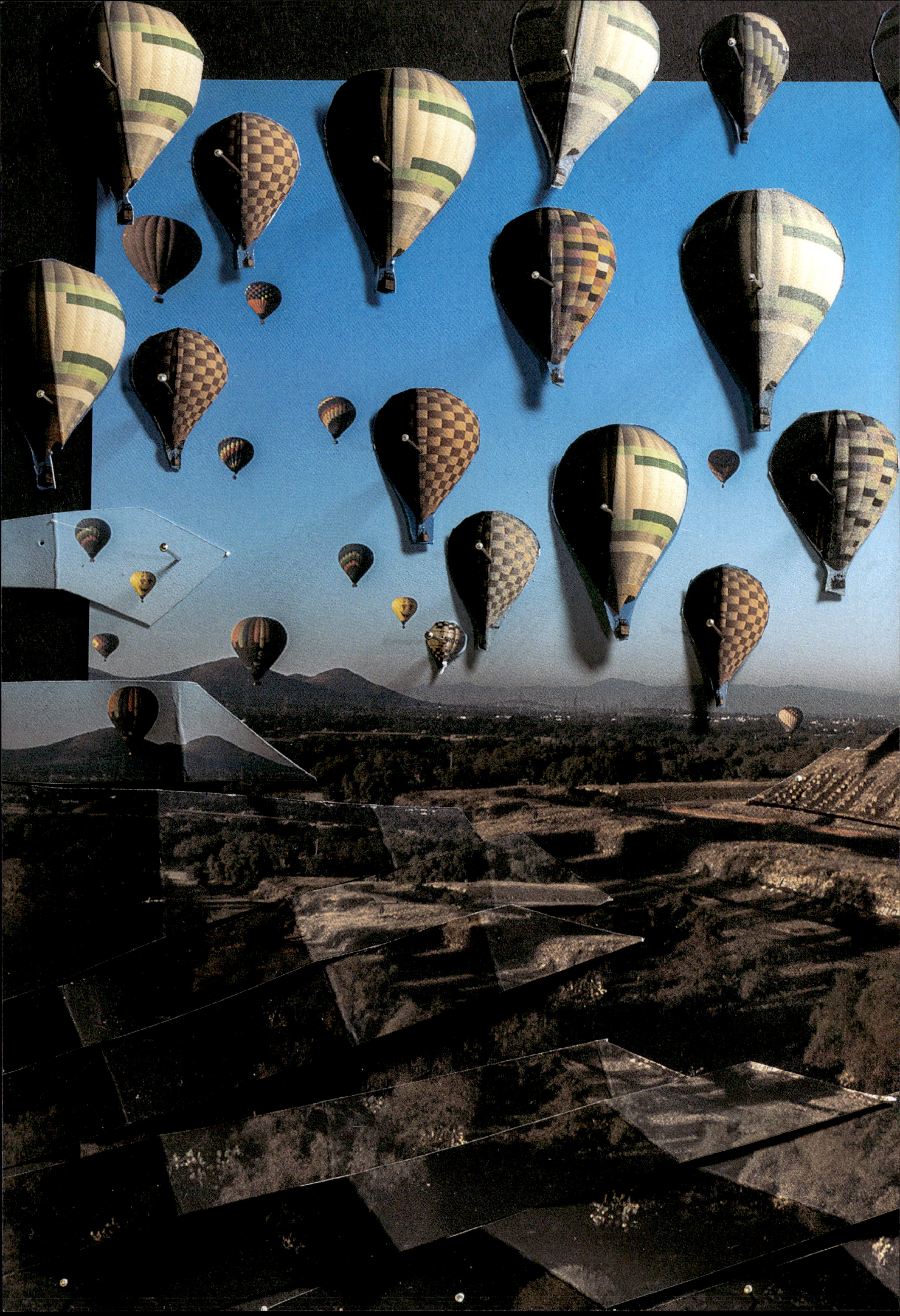

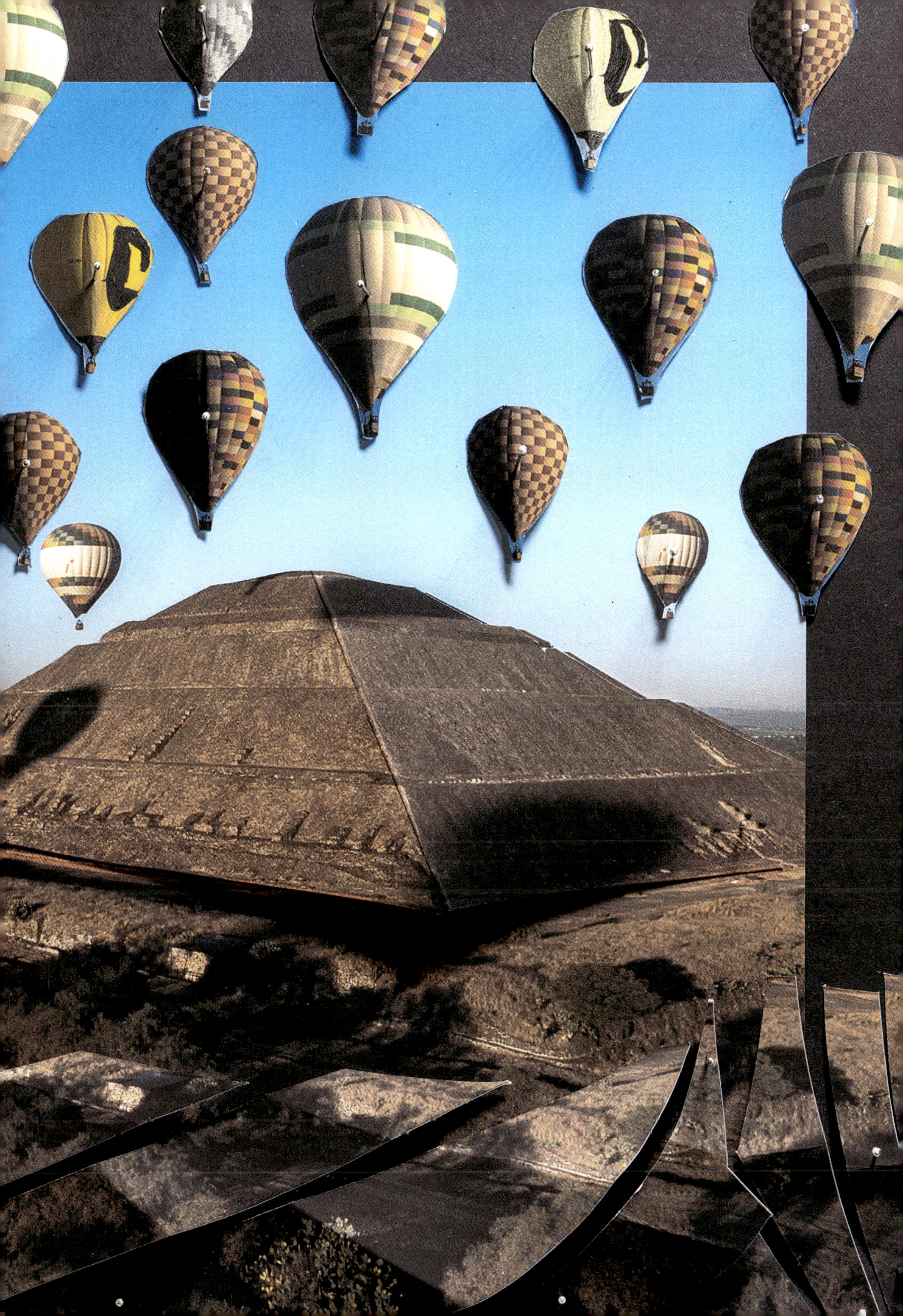

CREDITS

WMF's work at the Asante Shrines, Ghana, has been made possible, in part, by support from the U.S. Ambassadors Fund for Cultural Preservation (AFCP), the U.S. Embassy in Accra, and the Watch Committee of World Monuments Fund.

WMF's work at the Hitis of Nepal has been made possible, in part, by support from the U.S. Ambassadors Fund for Cultural Preservation, the U.S. Embassy in Kathmandu, the Watch Committee of World Monuments Fund, American Express, Iron Mountain, and Tianaderrah Foundation / Nellie and Robert Gipson.

WMF's work at Kinchela Boys Home, Australia, has been made possible, in part, by support from American Express.

WMF's work at la Maison du Peuple, Burkina Faso, has been made possible, in part, by support from the David Davies and Jack Weeden Fund.

WMF's project at Sumba, Indonesia, has been made possible, in part, by support from WMF's Crisis Response Fund.

WMF's work at Teotihuacan, Mexico, is supported by American Express.

WMF's work at Yanacancha-Huaquis, Peru, has been made possible, in part, by support from The Robert W. Wilson Charitable Trust and American Express.

CRÉDITS

Le travail du WMF sur les bâtiments traditionnels ashantis, au Ghana, a été rendu possible, entre autres, grâce au soutien du Fonds des ambassadeurs pour la préservation de la culture (AFCP), à celui de l'Ambassade des États-Unis à Accra, et du Watch Committee du World Monuments Fund.

Le travail du WMF sur les Hitis, au Népal, a été rendu possible, entre autres, grâce au soutien du Fonds des ambassadeurs pour la préservation de la culture (AFCP), à celui de l'Ambassade des États-Unis à Katmandou, d'American Express, d'Iron Mountain, et de la Tianaderrah Foundation/Nellie and Robert Gipson.

Le travail du WMF au foyer pour garçons de Kinchela, en Australie, a été rendu possible, entre autres, grâce au soutien d'American Express.

Le travail du WMF à la Maison du peuple, au Burkina Faso, a été rendu possible, entre autres, grâce au soutien du David Davies and Jack Weeden Fund.

Le travail du WMF à Sumba, en Indonésie, a été rendu possible, entre autres, grâce au soutien du Crisis Response Fund du WMF.

Le travail du WMF à Teotihuacán, au Mexique, est soutenu par American Express.

Le travail du WMF à Yanacancha-Huaquis, au Pérou, a été rendu possible, entre autres, grâce au soutien du Robert W. Wilson Charitable Trust et d'American Express.

ACKNOWLEDGMENTS

We are grateful to all the photographers who participated in the Heritage in Focus program and contributed images and text to this volume. Thank you to Fransisca Angela, Adrien Bitibaly, Soumya Sankar Bose, Eric Gyamfi, Elsie Haddad, Diego López Calvín, Yael Martínez, Tahila Moss, Morena Pérez Joachin, Shristi Shrestha, Tace Stevens, Prasiit Sthapit, and Víctor Zea Díaz.

Thank you as well to the photographers who provided mentorship to those participating in this fellowship: Jonas Bendiksen, Thomas Dworzak, Yael Martínez, and Cristina de Middel.

This publication is edited by Elizabeth Krist. Editorial support for the English text was provided by Erica X Eisen and Emma Raynes. The French text was translated and edited by Mathilde Augé and Auriane Faure.

Project leader for this fellowship is Jessica Murray of Magnum Foundation, with additional support from Tif Ng, Sarah Perlmutter, and Emma Raynes.

REMERCIEMENTS

Nous tenons à remercier les photographes ayant participé au programme « Heritage in Focus », dont les textes et les images sont présentés dans cet ouvrage. Merci à Fransisca Angela, Adrien Bitibaly, Soumya Sankar Bose, Eric Gyamfi, Elsie Haddad, Diego López Calvín, Yael Martínez, Tahila Moss, Morena Pérez Joachin, Shristi Shrestha, Tace Stevens, Prasiit Sthapit et Víctor Zea Díaz.

Nous remercions également les photographes qui ont accepté d'être les mentors de cette bourse : Jonas Bendiksen, Thomas Dworzak, Yael Martínez et Cristina de Middel.

Cette publication est éditée par Elizabeth Krist. Erica X Eisen et Emma Raynes ont assuré le soutien éditorial pour les textes en anglais. Les traductions et l'édition des textes en français ont été réalisées par Mathilde Augé et Auriane Faure.

Cette bourse a été coordonnée par Jessica Murray de la Fondation Magnum, avec le soutien de Tif Ng, Sarah Perlmutter et Emma Raynes.

COLOPHON
OURS

ÉDITIONS SKIRA PARIS
14, rue Serpente
75006 Paris
www.skira.net

Editorial management
Responsable des éditions
Nathalie Prat-Couadau

Editorial coordination
Responsable éditoriale du projet
Juliette Chambon

Junior editor
Éditrice junior
Roxanne Rebours

Graphic design
Graphisme
Diane de Noyelle
Mathieu Binet

Layout
Maquette
Mathieu Binet
Charlotte Froget

Copyediting and proofreading
Relecture
FR – Laure Barbosa
EN – Mark Nathan

Color separation
Photogravure
Litho Art

ISBN 978-2-37074-262-9
© World Monuments Fund, 2024
© Éditions Skira Paris, 2024

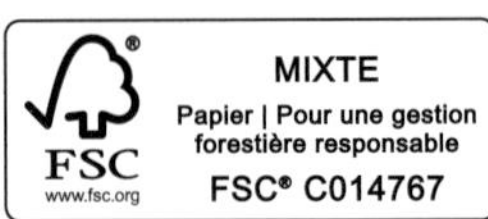

Printed in September 2024 by Graphius, Ghent, Belgium.
Legal deposit October 2024.
*Achevé d'imprimer en septembre 2024 sur les presses
de Graphius à Gand, Belgique.
Dépôt légal octobre 2024.*